Ravensburger Freizeit-Taschenbücher Band 217

Gudrun Schneider

Teppiche weben

Otto Maier Verlag Ravensburg

Originalausgabe

Umschlaggestaltung: Werner Fichtner, Stuttgart,
unter Verwendung eines Fotos von Volker Schneider
Fotos und Zeichnungen von Volker Schneider
Gesamtherstellung: Appl, Wemding
Printed in Germany

89 88 87 86 85 5 4 3 2 1

ISBN 3-473-43217-2

Inhalt

Vorwort

Allzu oft entsteht der Eindruck, daß man zum Weben eine komplizierte und teure Technik benötigt. Dabei zeigt ein Blick in die Geschichte der Textilkunst, daß eine gute Gewebegestaltung nicht von komplizierten Webstühlen abhängig ist. Die Mehrzahl der raffiniertesten Textilien entstand auf ganz einfachen Geräten. Bodenteppiche und Tapisserien in allen ihren Formen gehören dazu.
Das vorliegende Buch greift dieses Thema auf, um dem Wunsch vieler am Weben Interessierter nachzukommen, Anregungen für einfache Webtechniken zu finden, die trotzdem zu guten technischen wie gestalterischen Ergebnissen führen.
Dazu werden auf der einen Seite eine Reihe von Webtechniken vorgestellt, auf der anderen Seite eine Vielzahl von Gestaltungsmöglichkeiten mit ihnen aufgezeigt. Eine Auswahl ausführlicher Webanleitungen gibt eine Hilfestellung für erste Versuche.
Ich würde mir wünschen, daß viele Leser durch die Lektüre dieses Buches Mut und Freude zu eigenen Experimenten und zur Umsetzung eigener Entwürfe, seien es nun Teppiche, Matten oder auch „Bildgewebe", bekämen.
Mein herzlichster Dank gilt allen, die mir mit Rat und Tat beim Entstehen dieses Buches geholfen haben.

Bild 1: Anatolischer Kelim (Raumausstattung Frese, Freiburg)

Aus der Geschichte – Teppiche für Fürsten und Bauern

„Die ganze Welt genügt nicht dem Eroberer, doch ein halbes Brot und ein Kelim dem Derwisch." Mit diesem Vergleich zeigt der persische Dichter Saadi schon um 1250, welche Bedeutung ein Teppich für das Leben im Orient hat. Er gehört sogar zum Besitz des Asketen, ist ihm Decke und Mantel, Bett und Schutz gegen die Unbilden des Wetters.

In Europa war das anders: Augenzeugen aus dem 16. Jahrhundert berichten, daß sogar das Audienzzimmer der englischen Königin Elizabeth I. mit Heu ausgelegt war.

Die Geschichte des Teppichs läßt sich schwer ergründen, weil Textilien nur in Glücksfällen bis in die heutige Zeit erhalten blieben. Wahrscheinlich haben die Nomadenstämme Zentralasiens ihn „erfunden". Im rauhen Klima der Gebirge diente er als Kälteschutz, als Bodenbelag, als Wandverkleidung und als Türe im Zelt, als Decke für Mensch und Vieh, aber auch als Verpackungsmaterial für den Hausrat, wenn man die Zelte abbrach und mit seiner ganzen Habe an einen anderen Ort zog.

Die ersten Teppiche waren sicher geflochtene Matten. Schon sehr früh verstand man es aber auch eine gespannte Kette zu umwickeln und so einen Stoff herzustellen und auch zu weben. Im Gegensatz zum geknüpften Teppich mit Flor nennt man diese Erzeugnisse „Flachgewebe". Die ältesten Gewebereste dieser Art stammen aus der Zeit um 1400 v. Chr. Die gewebten Kelims sind zwar fest, aber relativ dünn.

Dickere Qualitäten erreichte man durch den Sumak. Hier wurden die Kettfäden umwickelt.

Kelim- wie Sumakteppiche haben sich bis heute in bäuerlichen Gegenden und bei verschiedenen Nomadenstämmen erhalten. Die geometrischen Muster, die den Wirktechniken entgegenkommen, vererbten sich erstaunlich unbeeinflußt von einer Generation zur nächsten. Der Webstuhl, auf dem diese Meisterwerke entstanden und noch entstehen, ist meist ein ganz einfacher waagrechter Litzenwebstuhl, der mit vier Pfosten in den Boden gerammt wird und beim Weiterziehen leicht aufzurollen und einzupacken ist.

Besonders feine Arbeiten sind die Sennehkelims aus dem persischen Kurdistan mit ihren von Pflanzen inspirierten Motiven.

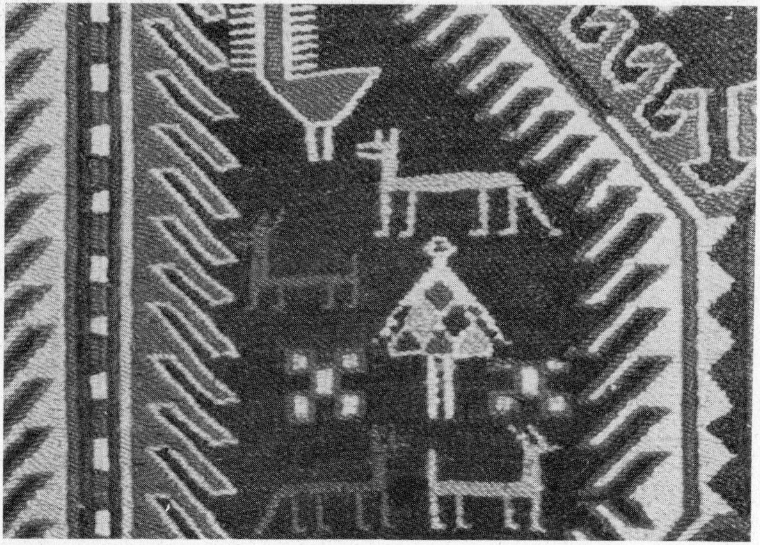

Bild 2: Ausschnitt aus einem persischen Sumak (Raumausstattung Frese, Freiburg)

Die Webqualität und Musterung der Kelims unterlag nie kommerziellen Zwängen und Einflüssen, weil sie erst in den letzten Jahren von Sammlern entdeckt wurden.
Kelimartige Decken und Matten kennen auch die Indianer Nordamerikas. Vor allem die Navajo-Indianer sind als gute Weber berühmt. Auch sie arbeiteten Textilien mit Streifen und vorwiegend einfachen geometrischen Mustern.
Beim Herstellen von Kelims wird irgendwann einmal eine Weberin entdeckt haben, daß man die Webfäden aus dem Teppich einfach heraushängen lassen kann und so ein Gewebe mit „Flor“ entsteht, das wesentlich wärmer ist. Bei Berbern im Mittleren Atlas findet man heute noch Decken dieses Typs.
Die Hanbels sind echte Gewebe mit durchgehendem Schuß, der auf der Rückseite immer wieder in langen Fäden aus dem Gewebe hängt. Sie haben genau die Größe, um einen auf dem Boden hockenden Menschen zu umhüllen. Das einfache Rautenmotiv wird in der Arbeit vielfältig variiert.
Vom heraushängenden Schußfaden erfolgte wahrscheinlich der Sprung zum eingeknüpften Faden. Auch das Knüpfen, die bekannteste und

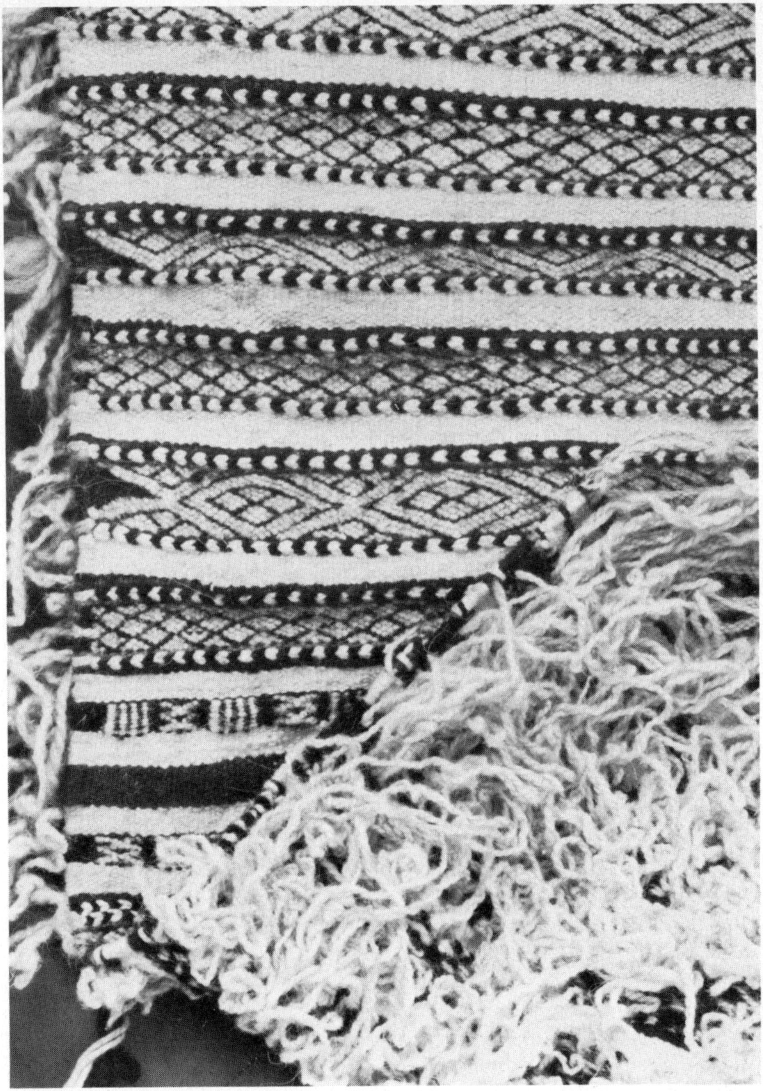

Bild 3: Hanbel aus Marokko – Flachgewebe mit heraushängenden Schußfäden als „Flor“ auf der Rückseite (Privatbesitz)

verbreitetste aller Teppichtechniken, war schon im 4. bis 3. Jahrhundert v. Chr. auf einem Höchststand: Als der russische Forscher Rudenko 1949 im sibirischen Pazyriktal ein Hügelgrab öffnete, fand er dort neben anderen Grabbeigaben auch Kelimreste und einen Knüpfteppich, der mit 4100 Knoten pro dm^2 eine sehr feine Knüpfung aufwies. Durch eingedrungenes und gefrorenes Wasser konnte sich diese Kostbarkeit erhalten. Der Teppich hatte ein schachbrettartiges Mittelfeld, bei dem jedes Viereck mit sternartigen Mustern verziert war. Die Bordüre schmückten Pferde mit Reitern und Elchen. Dieses Meisterwerk ist heute in der Eremitage in Leningrad zu bewundern.
Der Knüpfteppich muß sich sehr schnell im ganzen Orient und bis nach China hin verbreitet haben. Dort, wo Menschen seßhaft wurden, wo sich Herrschaftszentren entwickelten, entstanden bald luxuriösere Ausführungen mit feineren Knüpfungen und differenzierteren Mustern. Die großen Herrscher Persiens richteten Werkstätten ein, die für den Hof und auch für den Handel produzierten. Im Gegensatz zum Kelim wurden Knüpfteppiche schon sehr früh als Handelsgut benutzt.
Zu besonderer Blüte kam die Knüpfkunst im 15. und 16. Jahrhundert in Persien. Hier lieferten Hofmaler Vorlagen, die sich an der Buchmalerei orientierten, die geometrischen Musterungen verließen und ein Wunderwerk an Blüten und Ranken auf die Teppiche malten. Das berühmteste, uns noch erhaltene Werk aus dieser Zeit ist der Ardebil-Teppich, der in London im Viktoria-und-Albert-Museum hängt.
Nachdem einige Teppiche durch die Kreuzfahrer als Fürstengeschenke oder als Beute aus den „Türkenkriegen“ nach Europa gekommen waren, wuchs die Nachfrage der europäischen Herrscherhäuser. Kaufleute bereisten regelmäßig den Orient, um für den Erlös ihrer Waren Teppiche einzuhandeln. Aus ihren Berichten erfahren wir, welcher Luxus mit Teppichen getrieben wurde.
In Europa kann man kaum von einer eigenständigen Teppichkultur sprechen. Die bis ins Mittelalter in Spanien arbeitenden Werkstätten stammen aus der maurischen, also arabischen Zeit, dieses Landes. Der dort entwickelte Knüpfknoten, der nur einen Kettfaden umschlingt, wurde ausschließlich in dieser Region benutzt. Die Teppichmuster bedienten sich arabischer oder persisch-türkischer Vorbilder und griffen Ornamente der damaligen Seidenweberei auf.
Die Reichen Europas, weltliche und geistliche Fürsten, begünstigten durch die Einrichtung der Zimmer mit Möbeln die Entwicklung der Bildwirkerei. Die Wandteppiche paßten sich besser in die Möblierung ein und ließen die kalten Steinmauern wärmer erscheinen. Besonders wichtig war, daß die Bildteppiche Geschichten aus der Bibel oder aus dem Leben Heiliger erzählten oder zur Verherrlichung der Herrscher

dienten. So findet man zur Zeit der Hochblüte der Knüpfkunst in Persien im 15. und 16. Jahrhundert in Europa eine Hochblüte der Bildwirkerei.
Heinrich IV. von Frankreich gab im Jahre 1608 dem Maler Dupont den Auftrag, im Louvre eine Werkstatt zur Herstellung von Teppichen „nach Art der Perser und Levantiner“ einzurichten. 1627 eröffnete Dupont zusammen mit seinem Schüler Lourdet bereits eine zweite Werkstatt in einer alten Seifenfabrik, der „Savonnerie“. Unter diesem Namen wurden Knüpfteppiche ein Begriff, die sich nicht mehr nach den Vorbildern des Ostens richteten, sondern die jeweiligen Motive der Architektur, der Decken und der Wandverzierungen aufnahmen. Unter Ludwig XIV. stattete die Savonnerie die Räume von Versailles aus. In dieser Zeit entstanden Teppiche, die mit üppigen Blumensträußen übersät waren.
Mit dem Beginn der Mechanisierung der Weberei gelang es, Teppiche in größeren Stückzahlen und viele Exemplare von einem Entwurf herzustellen. Wie unpersönlich und ohne Leben diese Produkte empfunden wurden, zeigte sich auf der Weltausstellung 1873 in Wien. Dort beeindruckte eine Auswahl handgeknüpfter Teppiche die Besucher derartig, daß erneut eine ungeheure Nachfrage nach Orientteppichen entstand. Der zunehmende Wohlstand des Bürgertums begünstigte diese Entwicklung.
Für den Orientteppich jedoch begann gerade mit der großen Nachfrage eine kritische Phase: Man mußte möglichst schnell und billig produzieren. Alle bisherigen Qualitätsmerkmale wurden außer acht gelassen. Die Knüpfungen erreichten nicht mehr die große Dichte, es wurden schlechte Wollqualitäten verarbeitet und die überlieferten Färbemethoden durch synthetische Farben ersetzt, deren Anwendung man nicht beherrschte. Die aus dem Boden sprießenden Manufakturen knüpften jedes Muster, das der Kunde wünschte.
Inzwischen bemühen sich verantwortungsbewußte Regierungen der Teppichländer im Verein mit Fachhändlern und Wissenschaftlern die Qualität zu verbessern und alte Handwerksfähigkeiten wieder zu beleben. So bemühen sich z. B. türkische und deutsche Forscher im DOBAG-Projekt gemeinsam um die Rekonstruktion alter Färbemethoden, um sie vorerst in ausgewählten Dörfern Anatoliens wieder einzuführen. Das Projekt scheint auch deshalb Erfolg zu haben, weil es das Selbstbewußtsein der Weberinnen stärkt; die Teppiche werden nicht mehr nach Größe, sondern nach Qualität bezahlt.
Zur gleichen Zeit, als die bürgerlichen Familien ihre Wohnungen mit Orientteppichen schmückten, setzte in bäuerlichen Gegenden eine eigene Teppichtradition ein, die sich in Skandinavien bis heute erhalten hat.

Bis zur Mitte des letzten Jahrhunderts diente die „Wohnstube" als Allzweckraum zur Arbeit und als Aufenthaltsraum für Mensch und Vieh. Als auch hier der Wohlstand zunahm, konnte ein Raum als „gute Stube" vom Schmutz des Alltags freigehalten werden und wurde nicht mehr mit Stroh oder kleingeschnittenen Wacholderzweigen aufgeschüttet. Die wohlhabenderen Bauern legten den Boden mit Teppichen aus. Da Stoffreste und Altkleider nicht mehr für die Papierherstellung benötigt wurden, man hatte bessere Methoden der Papiergewinnung aus Holz entdeckt, begann man die Altkleider in Streifen zu schneiden und zu relativ schmalen Läufern zu verarbeiten. So entstand der Flickenteppich. Von einem Bauernhof im schwedischen Skåne wird berichtet, daß einige Frauen immer am Webstuhl saßen und webten, während einige ältere Frauen auf kleinen Schemeln daneben die Lumpen in Streifen schnitten. Da das Streifenschneiden sehr viel Arbeit war, trafen sich manchmal die Nachbarinnen zu einem „Schneidefest" bei Kaffee und Stippzwieback. Die Kinder wickelten die Streifen auf kleine Holzstükke, die als Schützen benutzt wurden. Später lagen sie dann auf den Teppichen und suchten die Reste ihrer verschlissenen Kleider im Gewebe. Wohlhabendere Familien legten Schlaf- und Wohnzimmer ganz mit den Läufern aus, ärmere benutzten sie nur an besonderen Festtagen.
Bis heute ist die Herstellung von Flickenteppichen, jetzt auch in Werkstätten für den Verkauf, in Skandinavien lebendig geblieben. Heute webt man nicht nur schmale Läufer, sondern auch große, raumfüllende Teppiche in verschiedenen Streifenmustern und Farben.
Versuche, einen gut gestalteten, in unsere Zeit passenden Bodenteppich zu entwerfen, wurden schon in den Werkstätten des Bauhauses gemacht, das, 1919 in Weimar gegründet, sich die Verbesserung des Designs von Gebrauchsgegenständen zum Ziel gesetzt hatte. Vereinzelte Fabriken haben sich in der Nachfolge auf die Ausführung solcher künstlerischen Entwürfe spezialisiert. Da die hohen Arbeitskosten den Markt für handgearbeitete Teppiche begrenzen, beschäftigen sich die meisten Kunsthandwerker heute mit der Bildwirkerei.

Vom Umgang mit Webrahmen und Webstuhl

Selbstgebaute Webrahmen – fertige Webstühle

Zum Ausprobieren von Mustern und zum Weben kleinerer Tapisserien benötigt man gar keinen Webstuhl. Hierfür genügt ein Pappkarton oder ein einfacher Holzrahmen aus Latten. Sehr geeignet und preiswert sind Keilrahmen, die man sich in Künstlerbedarfsläden in den verschiedensten Größen zusammensetzen lassen kann.

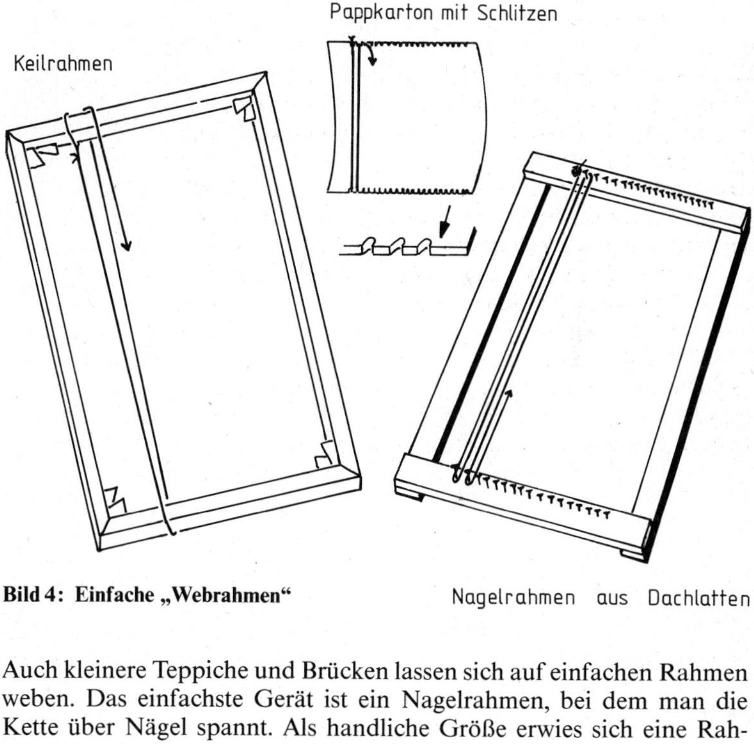

Bild 4: Einfache „Webrahmen“

Auch kleinere Teppiche und Brücken lassen sich auf einfachen Rahmen weben. Das einfachste Gerät ist ein Nagelrahmen, bei dem man die Kette über Nägel spannt. Als handliche Größe erwies sich eine Rah-

Bild 5: Hochwebstuhl „Tapissa“ (ARM)

Bild 6: Flachwebstuhl mit Spezialvorrichtungen für das Teppichweben (Lervad)

a) Zusatzgewicht für die Lade

b) Spannvorrichtung/Kettbaum

menbreite von 1 m und eine Höhe von 1,80 m. Ein Bettrahmen kommt dieser Größe ziemlich nahe. Größere Modelle sind zwar möglich, verlangen aber eine kompliziertere Konstruktion, viel Stellplatz und je nach Größe zwei Weber.

Die Vorteile des Nagelrahmens sind, daß er sehr billig und einfach zu handhaben ist. Von Nachteil ist, daß man die Kettspannung nicht korrigieren kann und daß die Weblänge begrenzt ist.

Käufliche Webrahmen mit Gatterkamm eignen sich zum Weben leichterer Teppiche und Matten. Nur sehr stabile Konstruktionen halten die beim Weben auftretenden Spannungen aus, ohne sich zu verziehen. Bei den Webstühlen verwendet man sowohl den Hochwebstuhl mit senkrechter Kettführung als auch den Flachwebstuhl mit waagrechter Kette.

Beide Systeme haben ihre Vorzüge:

Der Hochwebstuhl ist oft etwas billiger, nimmt weniger Platz ein und hat ein großes übersichtliches Arbeitsfeld, was ihn für Tapisserien und Knüpftechniken besonders geeignet macht.

Der Flachwebstuhl bietet durch seine größere Auswahl an Schäften – der Hochwebstuhl hat nur zwei – mehr Möglichkeiten der Musterbildung. Alle Gewebe mit durchgehendem Schuß – von einer Webkante zur anderen gewebt – lassen sich auf ihm einfacher und schneller herstellen.

Wichtig für alle Teppichwebgeräte ist eine solide Konstruktion, denn sie müssen eine extrem hohe Kettspannung und einen kräftigen Anschlag aushalten. Je breiter das Gewebe ist, um so höher sind die Anforderungen an die Konstruktion und an die Holzqualität zu stellen. Sollte sich z. B. durch den Zug der Kette der Streichriegel durchbiegen, wäre eine ungleiche Kettspannung die Folge und das Gewebe verdorben. Viele Hersteller verwenden für besonders stabile Webstühle Buchenholz oder verleimen weichere Hölzer mehrfach. Für die professionelle Teppichweberei gibt es spezielle Teppichwebstühle, die aus einer besonders starken Holzkonstruktion bestehen und oft eine spezielle Sicherheitsspannung für die Kette haben.

Es gibt viele Möglichkeiten das Webfach zu bilden: mit einer einfachen Trennstab-Litzenstab-Konstruktion, einem Gatterkamm oder den Schäften des Webstuhls. Wichtig für das Weben von Teppichen mit dikkem Schußgarn ist ein großes Fach, damit ein Schützen oder eine Teppichnadel mit genügend Schußmaterial für einige Zentimeter Gewebe hindurchpassen.

Ein einfacher Teppichwebrahmen – wie man ihn baut und einrichtet

Für alle, die das Weben als Hobby betreiben, oder nur hin und wieder einmal weben, ist der Kauf eines Webstuhls eine teure Angelegenheit und scheitert oft am nötigen Stellraum. Für Teppiche und Bildgewebe – nicht für Kleidungsstoffe – bietet sich ein Nagelrahmen als Alternative an, den man mit etwas Geschick selbst bauen kann. Er benötigt zum Aufstellen nur eine freie Wand, läßt sich nach Gebrauch auseinanderschrauben und platzsparend aufbewahren. Man kann ihn leicht bespannen und hat beim Weben immer das ganze Gewebe vor Augen, verliert also nie den Überblick.

Auf dem vorgestellten Modell kann man ein Gewebe von 90 cm Breite bis ca. 1,30 m Länge weben. Die Seitenteile können auf 2 m verlängert werden. Da man 40 bis 50 cm Spielraum benötigt, um das Webfach noch öffnen zu können, muß der Rahmen entsprechend höher sein als die gewünschte Weblänge. Bei einer Rahmenlänge von 2 m können ca. 1,50 m gewebt werden.

Bauanleitung für einen auseinandernehmbaren Teppichwebrahmen

Die Maße können verschieden gewählt werden, je nach beabsichtigter Teppichgröße. (Die angegebenen Maße gelten für einen Läufer von der Größe 0,90 × 1,30 m.)

Materialbedarf

vom Schreiner:

2 Bohlen 6 × 4 cm, 180 cm lang, Fichte, gehobelt.
2 Bohlen 12 × 4 cm, 100 cm lang, Fichte, gehobelt.
(Löcher wie in der Zeichnung angegeben bohren lassen, 7 mm Durchmesser!)
1 Leiste 4 × 1 cm, 100 cm lang, Buche, gehobelt = Trennstab
1 Leiste 4 × 2 cm, 100 cm lang, Buche, gehobelt = Litzenstab
2 Leisten 2 × 1 cm, 30 cm lang, Buche gehobelt, auf einer Seite ca. 5 cm tief halbiert = Halterung für Litzenstab (Bild 12)
2 Leisten 2 × 0,5 cm, 100 cm lang, Buche, gehobelt = Lesestäbe

aus dem Bastlerbedarf:

1 m Gewindestab, 6 mm Durchmesser. Die Gewindestücke läßt man auf 11 cm Länge zuschneiden. Die Kopfstücke werden rund gefeilt.

16 passende Schrauben, dazu passende Unterlegscheiben aus Metall mit großer Auflagefläche.
ca. 100 g Nägel, 2 cm lang, mit gut ausgebildetem Kopf, Eisen oder Messing.
2 kleine Schraubzwingen bester Qualität, Länge ca. 15 cm, Spannweite ca. 6 cm.

aus dem Webbedarf:
1 Breithalter, einstellbar von 65 bis 100 cm Webbreite
2 bis 3 Webnadeln, ca. 60 cm lang
1 Teppichklopfer

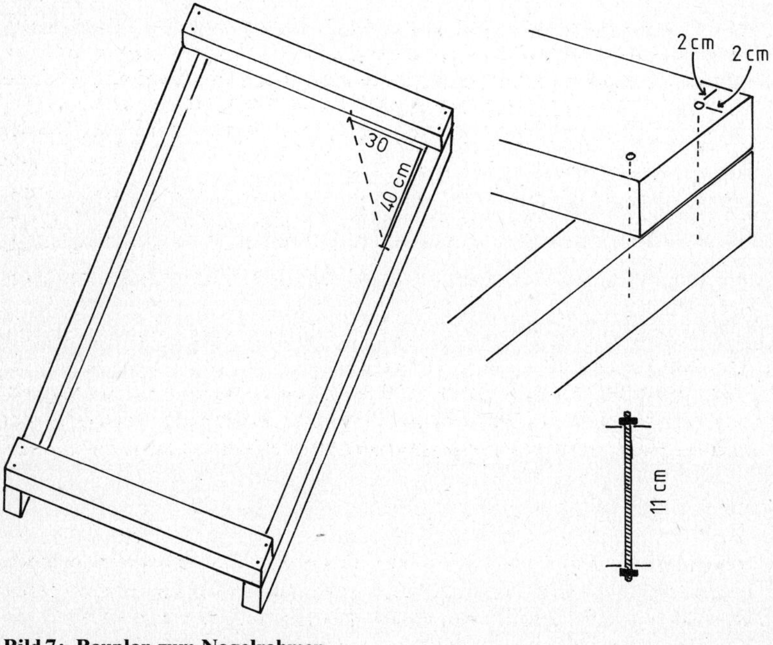

Bild 7: Bauplan zum Nagelrahmen

Bau des Grundrahmens
Die Bohlen legt man wie angegeben auf den Boden, so daß ein Viereck entsteht. In jede Ecke kommt eine Schraube, die man leicht festschraubt. Dann stellt man den rechten Winkel her: Man mißt möglichst

genau von der Innenkante des Längsholzes aus an der Innenkante des Querholzes 30 cm ab und markiert diese Stelle. Ebenso mißt man an der Innenkante des Längsholzes 40 cm ab. Die beiden Bohlen verschiebt man so lange, bis zwischen den beiden markierten Stellen ein Abstand von genau 50 cm erreicht ist. Danach zieht man die Schraube fest, führt die zweite ein, mißt nach und zieht sie an. Die beiden Bohlen stehen nun genau rechtwinklig zueinander.
Ebenso wird mit jeder anderen Ecke verfahren. Bei genauem Arbeiten ergibt sich ein stabiler Rahmen, der den gewaltigen Zug der Kettfäden auffangen kann. Bei Bedarf werden einzelne Schrauben wieder gelokkert und nachgerichtet.
Befestigen der Nägel auf den nach oben stehenden Querhölzern: Am besten klebt man mit einem wasserlöslichen Leim einen Streifen Millimeterpapier auf die Hölzer (auf genaue Abstimmung bei beiden Hölzern achten!) und schlägt die Nägel auf den Millimeter genau ein. Die Abstände kann man frei wählen. Bewährt haben sich zwei Nagelreihen im Abstand von 6 cm; damit wird ein Reißen des Holzes vermieden und das Einlegen der Kettfäden erleichtert. Die einzelnen Nägel in einer Reihe stehen 1,5 cm voneinander entfernt. Beide Reihen sind versetzt (auf Lücke) genagelt, so daß der Abstand zwischen einem Nagel aus der ersten Reihe und einem Nagel aus der zweiten Reihe 0,75 cm beträgt. Dadurch hat man die Möglichkeit, eine dichte Kette und dazu noch eine weitere Kette zu spannen, je nachdem, wie es das Schußmaterial erfordert.
Vor dem Zusammenbau sollte man das Holz mit Sandpapier – zunächst mit Körnung 40, dann mit Körnung 200 – gut schmirgeln, damit die Wollfäden nicht an Spänen oder Unebenheiten hängenbleiben können. Außerdem sollte man alle Kanten mit einem feinen Hobel oder mit Sandpapier abstumpfen; dadurch wird der Rahmen handfreundlicher.

Bespannen des Nagelrahmens

Da man bei einem Nagelrahmen die Kette nicht nachspannen kann, eignet sich zum Bespannen ein elastischer Baumwoll- oder Wollzwirn. Zwirne aus Hanf und Leinen lassen sich schwieriger verarbeiten.
Mit dem Spannen der Kette beginnt man immer in der Mitte des Rahmens. Dazu hängt man das Garn mit einer Schlaufe (Bild 8) an einem mittleren Nagel ein und führt den Faden zwischen den Nagelreihen am oberen und unteren Querbalken hin und her.
Die Randkettfäden führt man zweimal um die letzten Nägel und hängt den Kettfaden wieder mit einer Schlinge an den letzten Nagel. Dazu zieht man den Faden stramm an, mißt nach, wo er umgebogen werden

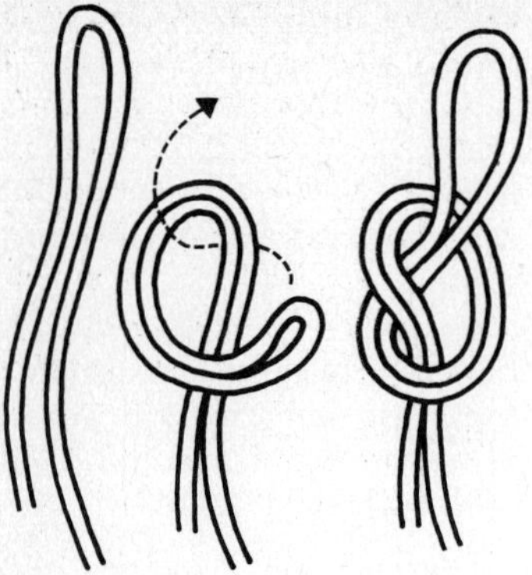

Bild 8:
Schlinge zum Einhängen des Kettgarns

muß, macht eine Schlinge und hängt diese ein! Beim Einhängen wird der Faden sehr angespannt.
Sollte ein Kettfaden beim Spannen reißen, so knotet man ihn immer bei den Nagelreihen an den alten Faden. Im Gewebe darf die Kette keine Knoten haben.

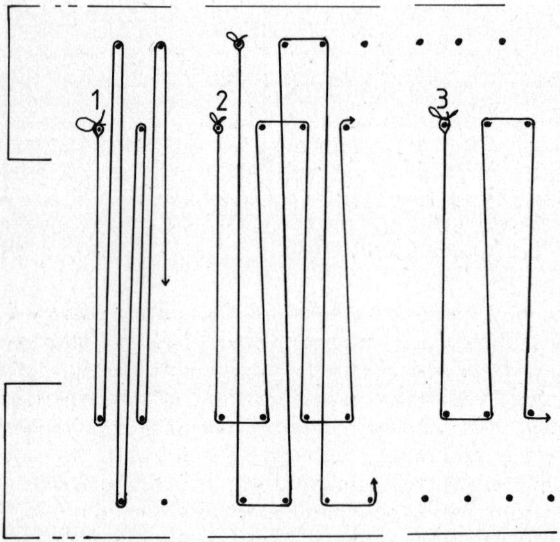

Bild 9: Möglichkeiten zum Spannen der Kette beim Nagelrahmen

Mit den vorgeschlagenen Nagelabständen lassen sich drei Kettdichten spannen: Führt man den Faden um jeden einzelnen Nagel der beiden Reihen, erreicht man eine Kettdichte von ca. 2,6 Fäden pro cm, die sich für Tapisseriegewebe und Knüpfteppiche eignet (Bild 9.1). Leitet man das Kettgarn immer über zwei Nägel und bespannt die inneren und äußeren Nagelreihen getrennt (Bild 9.2), erhält man eine Kettdichte von ca. 1,4 Fäden pro cm. Diese eignet sich für alle mitteldicken Teppichmaterialien. Sehr dicke Wolle verwebt man mit einer Dichte von ca. 0,7 Fäden pro cm. Sie entsteht, wenn man nur eine Nagelreihe über zwei Nägel bespannt (Bild 9.3).
Eine Feinabstimmung läßt sich noch durch die Stärke des gewählten Kettgarns erreichen, das man einfach und auch doppelt aufspannen kann.

Wieviel Webgarn muß man kaufen?
Die Garnmenge, die man zum Spannen der Kette benötigt, erhält man, wenn man den Abstand zwischen den äußersten Nagelreihen mißt, die Kettfäden zählt und beide Zahlen multipliziert. Da die Garnhersteller die Lauflänge ihrer Produkte angeben (siehe auch Seite 42 ff.), kann man leicht die benötigte Menge feststellen. Eine Umrechnungsmöglichkeit finden Sie auf Seite 29.
Zur Bestimmung der Schußgarnmengen sind die Angaben auf Seite 30 und Seite 55 eine Hilfe.
Auch für den Nagelrahmen gilt, was über das Weben, das Beginnen und das Enden eines Teppichs auf Seite 35 gesagt wird.

Anbringen einer Fachbildeeinrichtung

Für alle Ripsgewebe mit durchgehendem Schuß sowie für den Zwischenschuß bei Florteppichen bringt das Trenn-Litzenstab-System (eine Einrichtung zum Heben und Senken der Kettfäden) eine wesentliche Arbeitserleichterung.
Für das erste Fach „stopft“ man eine 4 cm breite Latte in „Leinwandbindung“ – also einen Faden auf die Latte nehmen, einen darunter lassen – in die Kette. Es liegen dann alle ungeradzahligen Fäden auf der Latte, die geradzahligen darunter. Zum Öffnen des Fachs stellt man die Latte quer, dadurch werden die obenliegenden Kettfäden um ca. 4 cm über die unteren gehoben (Bild 11).
Alle unteren – geradzahligen – Kettfäden müssen in Litzen gelegt werden, damit sie angehoben werden können. Da der Litzenstab eine große Spannung aushalten muß, sollte er doppelt so dick wie der Trennstab sein, damit er sich nicht durchbiegt.

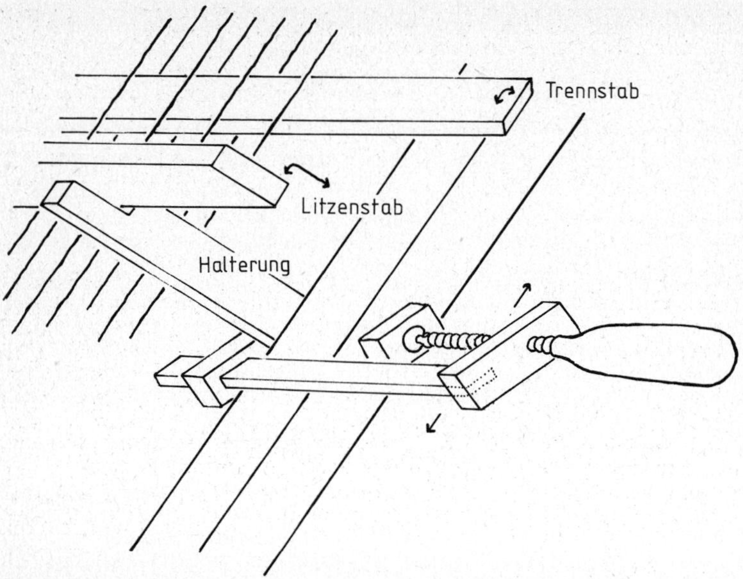

Bild 10: Anbringen des Trenn- und Litzenstabes

Der Litzenstab muß unterhalb des Trennstabes liegen. Mit den Schraubzwingen befestigt man die Halterung an den beiden Seitenbalken des Rahmens (Bild 10) und legt den Litzenstab darauf ab.

Die einfachste Methode zum Herstellen der Litzen besteht im Knüpfen wiederverwendbarer Einzellitzen. Man schneidet in der benötigten Anzahl 62 cm lange Baumwollfäden (Kettgarn) zu.

- Jeden Faden knotet man mit seinen Enden zu einer Rundung zusammen.
- Einen solchen Doppelfaden schlingt man um den ersten Kettfaden, der unter dem Trennstab liegt.
- Den Zeigefinger steckt man durch beide Endschlingen des Doppelfadens und dreht die Fäden um 180°. Jetzt liegen die beiden oberen Fäden unten, die unteren oben (Bild 12).
- Die Litze schiebt man auf den Stab.
- Alle unter dem Trennstab liegenden Kettfäden legt man auf die gleiche Weise in Litzen.

Zum Öffnen des zweiten Faches schiebt man den flachliegenden Trennstab weit nach oben und zieht den Litzenstab nach vorn in die abgestufte Halterung. Nun sind die geradzahligen Kettfäden gehoben.

Bild 11: Öffnen des Fachs mit dem Trennstab

Bild 12: Anbringen der Litzen

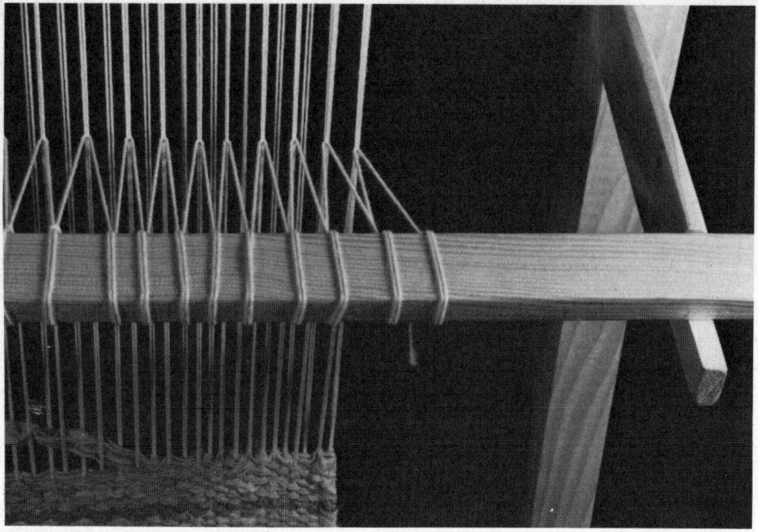

Bild 13: Öffnen des Fachs mit dem Litzenstab

Das Einfügen von Lesestäben

Um die Kettfäden zu ordnen und um eine gute, gerade Anschlaglinie zu bekommen, fügt man zwei Lesestäbe am unteren Kettende ein. Sie ersetzen gleichzeitig das Anweben (siehe Seite 32).
Auf den ersten Stab liest man alle ungeradzahligen Kettfäden – wie beim Trennstab – auf, auf den zweiten darüber die geradzahligen. Dann schiebt man beide Latten so weit wie möglich an den unteren Kettrand. Jetzt ist der Nagelrahmen webbereit.

Nützliche Helfer

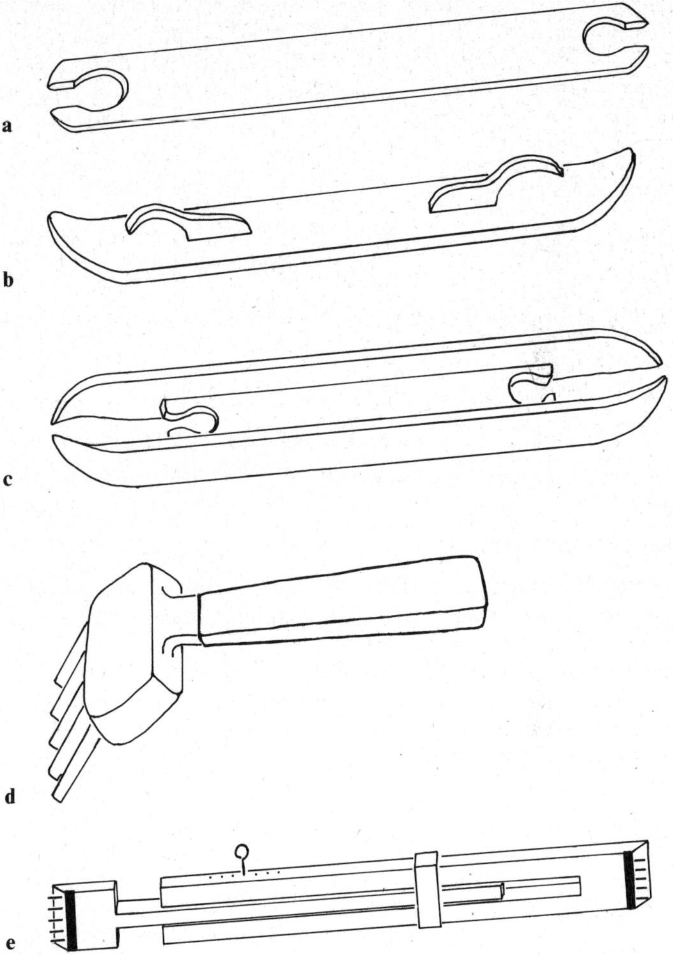

Bild 14:
Hilfsgeräte zum Teppichweben
a) Teppichnadel
b) und c) Teppichschützen
d) Teppichklopfer
e) Breithalter, von unten gesehen

Schützen

Damit man ausreichende Mengen dickeren Schußmaterials aufwickeln kann, wurden besondere Schützenkonstruktionen erfunden. Die vergrößerten Webnadeln bleiben zwar in einem kleinen Fach manchmal hängen, sind aber besonders für Webrahmen geeignet. Die beiden anderen abgebildeten Schützen gleiten wegen ihrer angewinkelten Spitzen gut durch das Fach von Webstühlen.

Teppichklopfer

Zum Weben an manchen Hochwebstühlen und Rahmen ohne Kamm benötigt man einen Klopfer, um den Schuß gut anschlagen zu können. (Bei stabilen Flachwebstühlen reicht der Schlag der Lade meist aus, um ein solides Gewebe zu bekommen.) Für schwere Teppiche eignen sich Teppichklopfer aus Metall. Leichtere Gabeln mit Holzgriffen und Metallzinken nimmt man für die Bildwirkerei. Aus **einem** Holzstück gearbeitete Griffe sind haltbarer als aus mehreren Teilen zusammengeleimte.

Breithalter

Unregelmäßigkeiten in der Gewebebreite beeinträchtigen das Aussehen des Teppichs. Hilfe bietet hier der Breithalter, den es in unterschiedlichen Mindest- und Höchstspannweiten (z. B. 40 bis 60 cm, 55 bis 80 cm, 65 bis 100 cm) gibt. Es sollten möglichst viele Zwischenstufen einstellbar sein. Für Teppiche gibt es Breithalter in besonders stabiler Ausführung.

Was man vom Weben wissen muß

Materialberechnung

Als Beispiel für die Materialberechnung wählen wir ein Gewebe von 70 cm Breite und 1,25 m Länge:

Die Kettlänge

Warenlänge (fertiges Gewebe)		125 cm
Einarbeitung ca. 4 bis 10%	+	5 cm
Trumm (Abfall) – je nach Webstuhl 40 bis 100 cm	+	60 cm
Kettlänge		191 cm

Die Anzahl der Kettfäden

Die Anzahl der zu schärenden Kettfäden ergibt sich aus der Gewebebreite, der Kettdichte und den Zugaben für Leiste und Einsprung.

Warenbreite		70 cm
Einsprung 5 bis 10%	+	4 cm
Einstellungsbreite		74 cm

Die geeignete Kettdichte für unterschiedliche Schußmaterialien ist auf Seite 55 angegeben. Sie kann durch die Wahl verschieden dicker Kettgarne oder durch die Bindungsart variiert werden. Für Rips (zwei Fäden gehoben, zwei Fäden gesenkt) schärt man die doppelte Anzahl von Fäden gegenüber Leinwandbindung (Scheinrips).

In diesem Beispiel geht man von einer Kettdichte von drei Fäden pro cm für Rips aus. Als Randverstärkung verdoppelt man an jeder Seite zwei Fäden:

Einstellungsbreite × Kettdichte	
74 cm × 3	222 Fäden
Randverstärkung (je zwei für jede Webkante)	4 Fäden
Zahl der Kettfäden	226 Fäden

Berechnen des Materialbedarfs für die Kette

Kettfadenzahl × Kettlänge = Kettgarn in m

226 × 1,90 m = 430 m

Bei den meisten Webgarnen ist die Lauflänge je kg angegeben (siehe auch Seite 42 ff.). Danach kann man den Verbrauch ausrechnen.

Für dieses Beispiel nimmt man ein Baumwollkettgarn Ne 5/4 mit einer Lauflänge von 2000 m/kg.

Länge des Kettgarns : Lauflänge = Materialbedarf

430 : 2000 = 0,215 kg

Materialverbrauch für den Schuß

Den Materialverbrauch für den Schuß kann man bei Teppichen nur ungefähr berechnen, weil hier individuelle Unterschiede im Einlegen und Anschlag stark ins Gewicht fallen. Der geübte Weber wird mehr Material benötigen als der ungeübte. Der Schußmaterialbedarf wird in kg/m^2 angegeben.

Eine Überschlagsrechnung läßt sich so durchführen:

Einstellungsbreite	×	Schußdichte	×	Gewebelänge	=	m Schußgarn
74	×	3	×	130	=	288 m

Bei einer Lauflänge von 700 m/kg benötigt man:

Länge Schußgarn	:	Lauflänge	=	Materialbedarf
290	:	700	=	0,414 kg

Zu diesem Materialverbrauch muß man ca. 25 bis 35% hinzurechnen, weil Teppiche kettdeckend gewebt werden und man dafür entsprechend mehr Schußmaterial benötigt.

0,414 kg + 0,12 kg = 0,534 kg = 0,6 kg

Das angegebene Schußmaterial wird mit doppeltem Faden verarbeitet; man benötigt also 1,2 kg Garn.

Die Materialberechnung bei Stoffstreifen

Man berechnet den Stoffstreifenverbrauch für das Gewebe und die Metermenge, die man aus 1 m Stoff bekommt.

Streifenbreite: 2,5 cm

Stoffbreite: 140 cm

10 cm Stoff ergeben vier Streifen zu 1,40 = 5,6 m

100 cm Stoff ergeben 40 Streifen zu 1,40 = 56 m

Für unser Beispiel benötigt man 290 m, wenn man die Stoffstreifen mit einfachem Faden verwebt, zuzüglich einer Zugabe von 25 bis 30%.

290 m : 56 = 5,01 m + 1,25 m (25%) = 6,26 m

Auch dies ist eine Überschlagsrechnung, weil bei Stoffstreifen schon allein unterschiedliche Materialien Abweichungen verursachen.

Die Blattwahl

Das Webblatt oder der Webkamm dient dazu, die Kette auf Einstellungsbreite zu halten, die Kettdichte einzustellen und den Schuß anzuschlagen. Beim Webstuhl besteht das Blatt nur aus Schlitzen (Riete), beim käuflichen Webrahmen aus Löchern und Schlitzen (Gatterkamm). In der Regel wählt man das Blatt nach der erforderlichen Kettdichte: für eine Kettdichte von drei Fäden pro cm also ein Blatt 30/10, das

30 Schlitze auf 10 cm oder drei auf 1 cm hat. Man kann diese Kettdichte aber auch mit einem Blatt 60/10 erzielen, wenn man nur in jedes zweite Riet einen Kettfaden zieht. Wählt man ein Blatt 15/10, laufen je zwei Kettfäden durch ein Riet. Bei der Blattwahl muß man darauf achten, daß das Kettgarn sich frei im Riet bewegen kann oder zwei Fäden soviel Platz haben, daß sie nicht zusammenhängen können.
Bei Webrahmen gibt es oft nur die Kammgrößen 20/10 (24/10) und 40/10.
Für Ripse wählt man einen doppelten Fadeneinzug in jedem Schlitz und in jedem Loch.
Variationen in der Kettdichte lassen sich auf folgende Weise erreichen:

- Der erste Faden wird in ein Loch eingezogen.
- Ein Schlitz und ein Loch bleiben frei.
- Den zweiten Faden zieht man in den folgenden Schlitz ein.

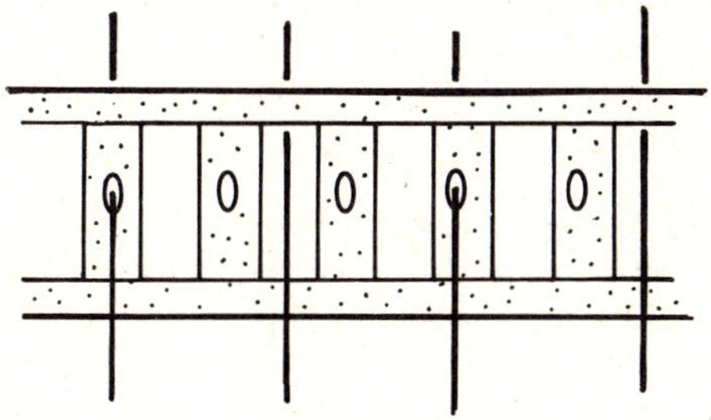

Bild 15: Einzugsmöglichkeit bei Gatterkämmen

- Ein Loch und ein Schlitz bleiben frei.
- Diese Folge wird wiederholt!

Man achtet darauf, daß der Wechsel von Loch und Schlitz erhalten bleibt. Bei einem Kamm 40/10 entsteht bei diesem Einzug eine Kettdichte von ca. 1,4 Fäden pro cm.

Das Spulen

Zum Weben mit dicken Schußmaterialien eignen sich die üblichen Schußspulen nicht. Man wickelt sie auf Webnadeln (Bild 14) oder Teppichschiffchen. Von kleineren Materialmengen, vor allem bei Kelim- und Gobelintechniken und beim Knüpfen, fertigt man Puschel an.

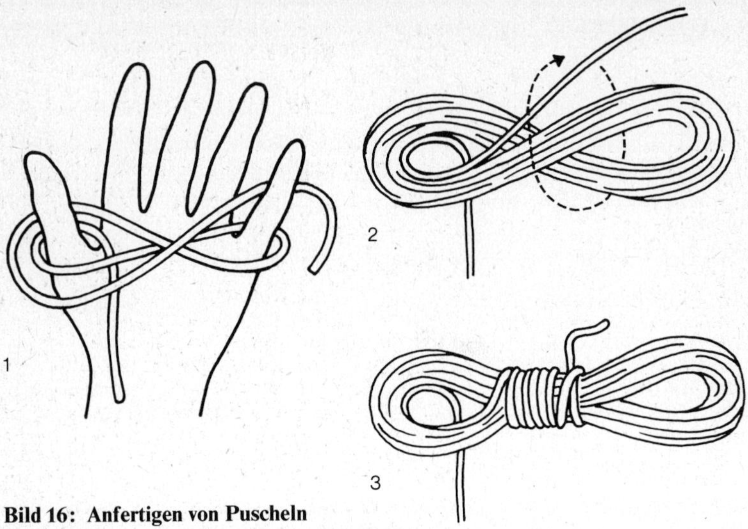

Bild 16: Anfertigen von Puscheln

Kontrollieren des Fachs

Vor Webbeginn prüft man durch Treten der Tritte, ob der Einzug stimmt und ob das Fach richtig gebildet wird.

Das Anweben

Durch das Anbinden der Kette am Längerstab zieht man die einzelnen Kettfäden zu Gruppen zusammen und zerstört ihre parallele Lage. Mit dem Anweben wird die Parallelität wieder hergestellt.
Man webt mehrere Schuß mit grobem Abfallmaterial (z. B. Flicken) in Leinwandbindung und schlägt gut an. Nach einigen cm Gewebe sollte die Kette geordnet sein. Jetzt hat man eine gerade Anschlaglinie für das Hauptgewebe. Benutzt man den Breithalter, setzt man ihn in das Anwebstück ein.
Der Schuß muß in einer geraden Linie verlaufen, sonst stimmt die Kettspannung nicht. Zu locker befestigte Kettfäden kann man jetzt noch nachziehen.
Die Anwebschüsse werden erst vor den Abschlußarbeiten entfernt. Sie verhindern bis dahin, daß sich Schüsse vom Hauptgewebe lösen können.
Beim Nagelrahmen ersetzen die „eingewebten" Leseleisten das Anweben.

Das Kopfstück

Die meisten Teppiche beginnen und enden mit einem „Kopfstück". Es ist 1,5 bis 5 cm breit und wird in Rips oder Scheinrips mit meist dünnerem Material als der Teppich selbst gewebt. Entweder verwendet man das Kettgarn, einen neutralen Hanf- oder Leinenzwirn oder bei Wollteppichen ein Rya- oder Haargarn.
Das Kopfstück sorgt für eine solide Befestigung des eigentlichen Teppichgewebes, bildet den Übergang zu Fransenabschlüssen oder kann als Saum umgenäht werden.
Die Breite des Kopfstücks läßt sich erheblich reduzieren, wenn man die ersten Schüsse in Zwirnbindung ausführt. Je Zwirnreihe lassen sich etwa 1 cm Gewebe einsparen.
Zu jeder Zwirnbindung gehören zwei Arbeitsgänge:

- Eintrag von einem Schuß Leinwandbindung: Dazu hebt man die ungeradzahligen Kettfäden und legt den Schußfaden ins Fach. Dabei läßt man das Ende des Fadens so weit aus dem Fach heraushängen, daß es 1¼ mal (2,5mal bei zwei Zwirnbindungen) so lang ist wie das Gewebe breit. Nun wird das Fach geschlossen und der eingetragene Schuß mit dem Webblatt gerade geschoben.

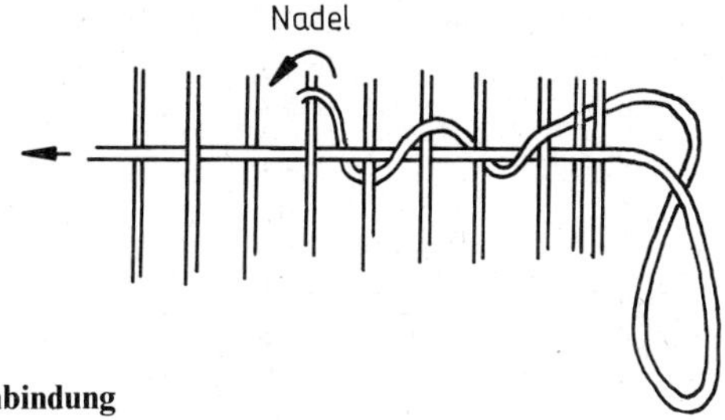

Bild 17: Zwirnbindung

- Das Ende des Schußfadens fädelt man in eine Smyrnanadel und stopft den Faden um den eingelegten Schuß herum: Dazu wird die Nadel immer über die unbedeckten Kettfäden und unter die mit dem ersten Eintrag bedeckten Kettfäden geführt. Das Fach bleibt bei diesem Arbeitsgang geschlossen. Nach dem Beenden der Zwirnung wird mit dem Blatt angeschlagen!

Möchte man eine weitere Zwirnbindung ausführen, schließt man wieder den Schützen in Leinwandbindung durch die Kette – jetzt sind die geradzahligen Kettfäden gehoben – und führt die Zwirnung mit dem verbleibenden Fadenrest durch.

Danach webt man das Kopfstück in der gewählten Bindung weiter und versorgt das Zwirnfadenende, indem man es zum Schuß ins Fach legt.

Versorgen des Kettfadens am Webanfang und Webende

Ist das Kopfstück fertig, schneidet man das Schußgarn ab, führt das Fadenende um den Randkettfaden herum und legt es in das Fach zurück, in dem man gerade gewebt hat. Der Faden liegt also im letzten Fach ca. 2 bis 3 cm doppelt. Das gleiche gilt für den Anfang: Der Schuß wird eingelegt, das Fadenende um den Randkettfaden geschlungen und ins noch geöffnete Fach zurückgelegt. Damit das Gewebe nicht schief wird, achtet man beim Streifenweben darauf, daß Anfang und Ende nicht auf die gleiche Seite fallen.

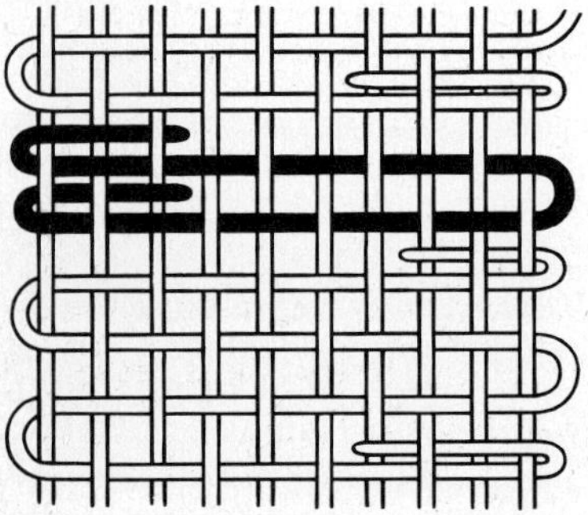

Bild 18: Verweben des Schußfadenanfangs und -endes beim Streifenweben

Eine Verdickung der Webanfänge und -enden verhindert man so: Bei Zwirnen dreht man das Fadenende oder den Anfang auf und schneidet einen Faden heraus. Dann führt man den Schuß so ins Fach zurück, daß an der Umbruchstelle zwei halbe Zwirne liegen. Dadurch wird ver-

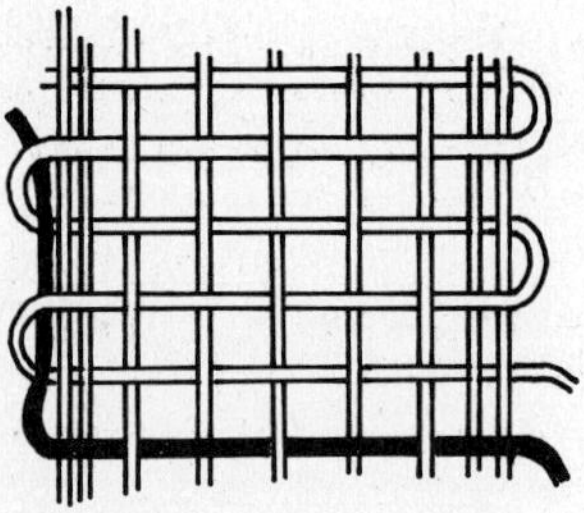

Bild 19: Mitführen eines Schußfadens an der Webkante beim Streifenweben

hindert, daß die Verwebstellen dicker werden als das übrige Gewebe. Garne dünnt man entsprechend aus, Stoffstreifen schneidet man sehr schräg an.
Beim Weben von schmalen Streifen muß man den Schußfaden nicht jedesmal abschneiden, sondern kann ihn durch Umschlingen mit dem folgenden Material an der Webkante mitführen.
Webt man mit zwei Schußfäden gleichzeitig, versorgt man die Anfänge und Enden so (Bild 20):

- Ein Fadenende wird um ca. 10 cm gekürzt.
- Der Schuß wird eingetragen und nur so weit ins Fach gezogen, daß noch ca. 6 cm des längeren Fadenendes (2) aus der Kette heraushängen.
- Dieses Ende führt man um den Randkettfaden herum ins Fach zurück, bis es den gekürzten Faden (1) trifft.
- Das Ende 1 wird überholt und Ende 2 am nächsten gehobenen Kettfaden aus der Kette gezogen. Eine Verdickung tritt so nur zwischen zwei gehobenen Kettfäden auf.

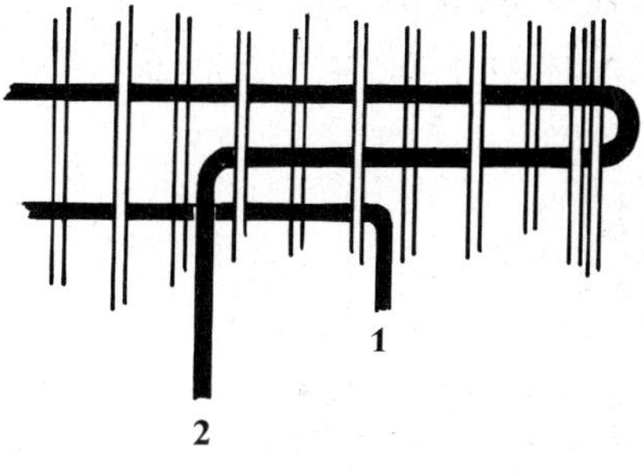

Bild 20: Webanfang und -ende bei doppeltem Schußfaden

Das Weben

Nur in ganz wenigen Fällen sind bei Teppichen Kette und Schuß gleichberechtigt, wie z. B. bei Sisalteppichen mit dem sehr starren Material in Kette und Schuß. In der Regel deckt der Schuß die Kette ganz ab, seltener die Kette den Schuß.
Die Voraussetzung für einen gut gewebten, schußsichtigen Teppich ist eine stark gespannte Kette, damit das weichere Schußmaterial sich um dieses „Gerüst“ schlängeln kann und ein fester Anschlag möglich ist.
Zum Abdecken der Kette muß das Schußmaterial genügend Spielraum haben und darf nicht zu kurz eingelegt werden.

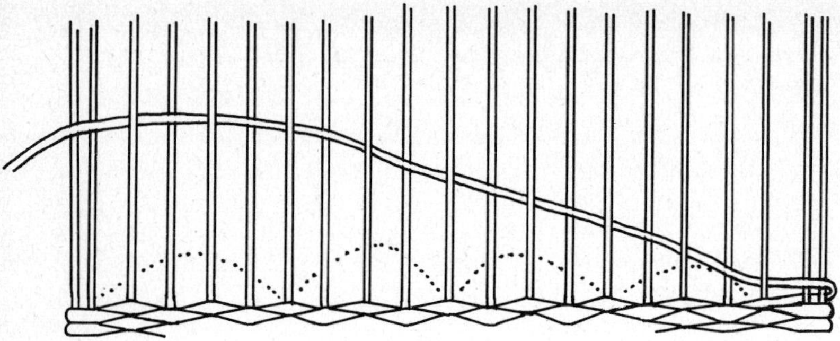

Bild 21: Einlegen des Schusses bei kettdeckenden Geweben

- Der Schuß wird z. B. von rechts nach links ins geöffnete Fach geschossen. Dabei hält man mit der rechten Hand die beiden äußeren Kettfäden fest, während die linke den Schützen durch das Fach führt.
- Legt sich der Schuß ohne Schlinge um die Randfäden, befestigt man die Webkante durch Anschieben des Fadens mit der Hand oder mit einem Teppichklopfer.
- Nun drückt man den Schußfaden mit dem Zeigefinger der linken Hand in kleinen Bögen an das Gewebe, und zwar in die Richtung, in die man ihn eingelegt hat, damit immer genügend Faden nachrutschen kann.
- Dann erst wird das Fach gewechselt und zweimal fest angeschlagen.

Der nächste Schuß wird entsprechend in Gegenrichtung gearbeitet.
Die Bogengröße muß man bei jedem Material neu ausprobieren. Sind die Bögen zu groß, bilden sich Schlingen, die aus dem Gewebe herausgucken. Sind die Bögen zu klein, zieht sich der Teppich an den Webkanten zusammen: Er wird schmaler. Außerdem lassen sich die Kettfäden nicht mehr abdecken. In beiden Fällen hilft nur Zurückweben, um den Fehler zu korrigieren.
Grundsätzlich kann man jedoch sagen, daß viele kleine Bögen besser sind als wenige große.

Der Anschlag

Der Anschlag erfolgt immer nach dem Fachwechsel. Je fester man anschlägt, um so haltbarer wird der Teppich. Beim Webstuhl kann man das Gewicht der Blattlade durch das eigene Körpergewicht verstärken, indem man sich zurücklehnt, wenn man die Lade mit beiden Händen gefaßt hat und sie an das Gewebe zieht.

Bei Webgeräten ohne Blatt schlägt man den Schuß mit einem Teppichklopfer an, immer in der Richtung, in der der Schuß eingelegt wurde, damit vom Schützen her Schußgarn nachkommen kann.

Einsetzen des Breithalters

Durch unterschiedliche Spannung der Kettfäden am Nagelrahmen, bei Verwendung unterschiedlicher Schußmaterialien oder auch mangelnder Übung und Erfahrung des Webers passiert es sehr leicht, daß die Webkanten sich unterschiedlich einziehen.

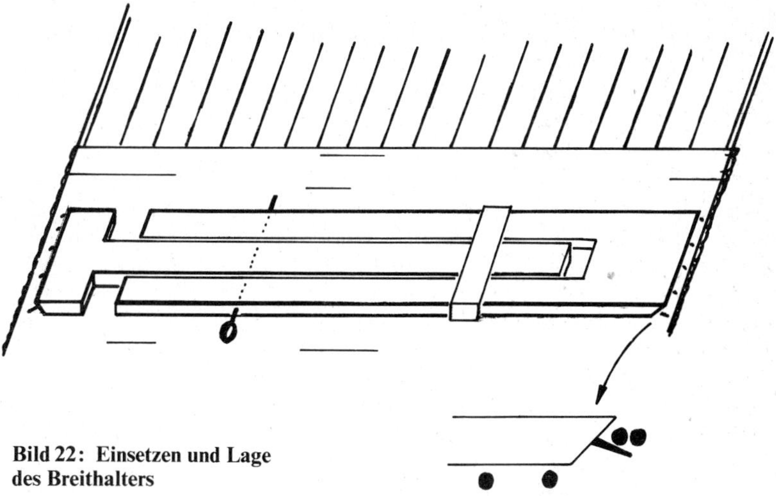

Bild 22: Einsetzen und Lage des Breithalters

Wer diese Probleme vermeiden möchte, webt mit einem Breithalter, den man auf die Einstellungsbreite einstellt. Die Nadelspitzen werden neben die beiden Randfäden ins Gewebe gesetzt und der Breithalter auseinandergedrückt. Das sollte ziemlich leicht gehen, sonst webt man mit zuwenig Schußgarnzugabe und legt den Schuß mit zuwenig Bögen ins Fach.
Man muß den Breithalter von Anfang an einsetzen. Er kommt in das fertig gewebte Anwebstück und wird bei Fortgang der Arbeit alle 5 cm versetzt. Zur Korrektur schon entstandener Verengungen ist der Breithalter nicht geeignet. Hier hilft nur Zurückweben!
Bei Knüpf- und Tapisseriearbeiten ist der Breithalter hinderlich, hier muß man die Breite durch geschicktes Weben halten.

Ansetzen von Schußfäden im Gewebe

Hat man einen Schützen leergewebt, kann man das neue Material dort ansetzen, wo der Faden zuende ist. Über ein Stück von 2 bis 3 cm Länge läßt man den alten und neuen Faden überlappen. Diese Stelle darf nicht zu dick werden: Garne werden ausgedünnt, Zwirne halbiert und Stoffstreifen sehr schräg geschnitten.

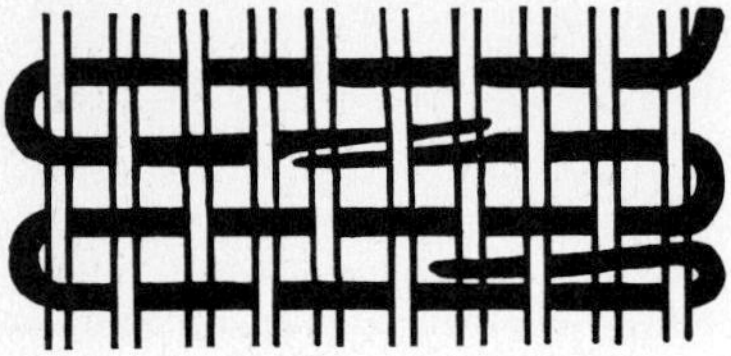

Bild 23: Ansetzen des Schußfadens im Gewebe

Beim Weben mit mehrfachen Fäden versetzt man Anfang und Ende der einzelnen Fäden.

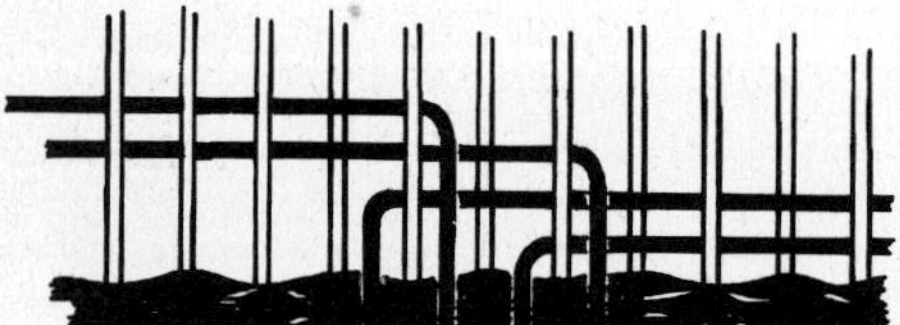

Bild 24: Fadenansatz im Gewebe bei doppeltem Schußfaden

Nachlassen der Kette – Aufrollen des Gewebes

Wird das Fach zu klein, so daß der Schützen nicht mehr hindurchpaßt, muß Kette nachgelassen und Gewebe aufgerollt werden.

- Dazu löst man die Verriegelung des Kettbaums, wickelt ca. 10 bis 15 cm Kette ab und gleichzeitig damit eine entsprechende Menge Gewebe auf.
- Ist der Kettbaum wieder verriegelt, wird durch Drehen des Zahnrades am Warenbaum die Kette wieder gespannt.

Der Breithalter muß beim Nachlassen der Kette herausgenommen werden.

Vom Messen des Gewebes

Während man beim Nagelrahmen und bei kleineren Tapisseriearbeiten immer das ganze Gewebe vor Augen hat, kann man beim Flachwebstuhl immer nur einen Ausschnitt sehen.
Um immer über den Stand der Webarbeit informiert zu sein, muß man in bestimmten Abständen Markierungen am Gewebe anbringen. Dazu fertigt man sich aus dicker Pappe ein Maß, in das man z. B. im Abstand von 20 cm je eine Kerbe einschneidet. Man legt das Maß bei **entspannter** Kette an und zieht alle 20 cm einen Faden in die Webkante ein, den man mit einem Knoten zur Rundung schließt. Bei vollen Meterzahlen, einem Viertel oder der Hälfte des Gewebes sollte man andersfarbige Marker nehmen.
Bei Streifenkompositionen kann man die schmalen Streifen direkt abmessen und die breiteren markieren oder die Streifenverteilung in Originalgröße auf einen festen Papierstreifen (Packpapier) zeichnen und diesen auf das Gewebe stecken. Er darf nicht mit auf den Warenbaum gerollt werden. Auch hier mißt man nur bei entspannter Kette.

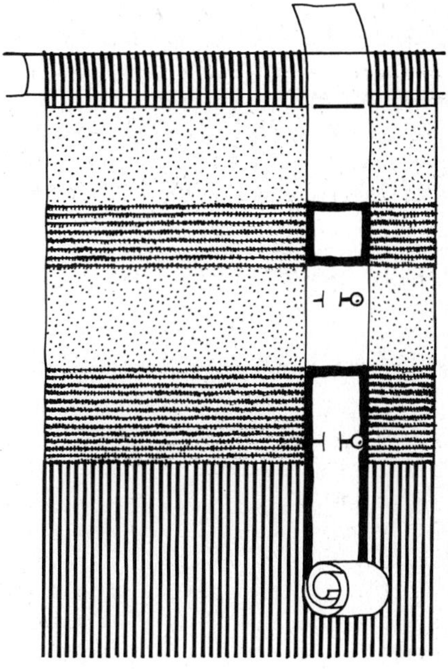

Bild 25: Weben mit Musterstreifen

Möchte man den aufgerollten Teil des Gewebes anschauen, kann man ihn vom Warenbaum abwickeln:

- Man löst den Warenbaum und rollt die unverwebte Kette so weit wieder auf den Kettbaum, bis das Gewebe am Blatt anstößt.
- Der Kettbaum wird wieder arretiert.
- Dann rollt man das Gewebe vom gelösten Warenbaum ab!

Das erneute Aufrollen muß sehr gleichmäßig geschehen. Das geht am besten zu zweit. Der Weber hält das Gewebe in der richtigen Position, der Helfer dreht den Warenbaum.

Abnehmen des Gewebes

Ist der Teppich beendet, mit Kopfstück und Zwirnbindung abgeschlossen, folgen wieder einige Schüsse mit dickem Abfallmaterial. Dann zieht man die Kette so weit vor, daß das Gewebeende auf dem Brustbaum zu liegen kommt. Vor dem Abschneiden muß man wissen, wieviel Kette man für den Abschluß benötigt. 20 cm sind das Minimum.

- Mit Kreide die Schnittlinie auf die Kette zeichnen. Dort alle 20 cm je 2 bzw. 4 nebeneinanderliegende Kettfäden abschneiden und mit einem halben Kreuzknoten am Gewebeende verknoten. Jetzt kann sich kein Schuß mehr lösen, wenn die restlichen Kettfäden auf der Kreide liegen und abgeschnitten werden.
- Darauf achten, daß die Kette nicht aus dem Blatt rutscht, wenn sie noch nicht abgewebt ist.
- Jetzt kann man das Gewebe vom Warenbaum wickeln.
- Dabei kontrolliert man die Teppichrückseite und zieht alle losen Fadenenden ins Gewebe bzw. schneidet alle verwebten Enden ab.
- Ist der ganze Teppich versäubert, löst man alle 20 cm ein Fadenbündel am Längerstab und verknotet die Fäden am Gewebe. Dann können die restlichen Kettfäden gelöst werden.

Fasern, Garne, Zwirne – ein kleiner Führer

In der Materialauswahl für ein Gewebe fließen die Forderungen nach guten Gebrauchseigenschaften und der Wunsch nach einer bestimmten Oberflächenstruktur, die man in der Textilgestaltung Textur nennt, zusammen. Auf der einen Seite geht es um Eigenschaften wie Wärme, Trittfestigkeit, Unempfindlichkeit gegen Schmutz oder Waschbarkeit und Reibechtheit. Auf der anderen Seite spielt die Atmosphäre, die durch die Gewebeoberfläche erzeugt werden soll, eine Rolle. Soll das Gewebe weich oder hart, grob oder fein, matt oder glänzend, rauh oder glatt sein. Beide, Textur wie Gebrauchswert, sind von der verwendeten Faserart abhängig, von der Verarbeitung der Fasern zu Garnen oder Zwirnen, von der gewählten Bindung und der fachgerechten Verarbeitung. Nicht immer werden sich alle Wünsche gleichzeitig erfüllen lassen, weil z.B. weiche, wenig gedrehte Garne weniger strapazierfähig sind als festgedrehte Zwirne, ein kuschelig weicher Teppich wird nie extrem strapazierfähig sein.

Womit man Teppiche weben kann: Materialien für Kette und Schuß

Kettgarne für kettdeckende Webtechniken

Obwohl bei den in diesem Buch beschriebenen Webtechniken die Kette unsichtbar bleibt, bildet sie doch das Gerüst für einen haltbaren Teppich. Sie muß extrem reiß- und scheuerfest sein. Deshalb wählt man als Kettgarn immer Zwirne oder gar mehrstufige Zwirne (Cordonett).
Um die Reißfestigkeit eines Materials zu prüfen, kann man z.B. ein ca. 60 cm langes Stück Zwirn zwischen beide Hände spannen und mehrmals ruckartig daran ziehen. Reißt der Faden, ist das Material als Teppichkettgarn ungeeignet.
Auch die Struktur des Kettmaterials spielt eine Rolle. Ein rauher Faden geht mit dem Schuß eher eine gute Verbindung ein als ein ganz glatter. Für Teppiche, die mit Feuchtigkeit in Berührung kommen, sollte auch das Kettgarn möglichst verrottungssicher sein.

Wegen ihrer Elastizität läßt sich Baumwolle am leichtesten verarbeiten. Baumwollkettzwirne sind als Cordonett oder Einfachzwirne im Handel. Baumwollcordonett ist zwar unübertroffen reißfest, aber für Teppiche mit Fransenabschlüssen nicht sehr schön. Da sich Baumwolle gut einfärben läßt, sollte das Kettmaterial in einem solchen Fall farblich auf das Schußmaterial abgestimmt werden.
Leinen und Hanf lassen sich wegen ihrer Starrheit schwer verarbeiten. Die Kette muß sehr sorgfältig gebäumt werden, was bei breiteren Geweben am besten mit einer Direktkettwalze geht. Wenn man beim Weben ein feuchtes Tuch zwischen Streichriegel und Schäfte auf die Kette legt, wird das Weben erleichtert und außerdem die Scheuerfestigkeit der Faser erhöht. Leinen und Hanf haben eine sehr schöne, neutrale Farbe, die sich überall gut anpaßt. Da Leinen gegenüber Feuchtigkeit unempfindlich ist, verwendet man es für Balkon- und Ferienhausteppiche.
Ähnlich wie Leinen läßt sich ein vollsynthetisches Kettmaterial verarbeiten, das total verrottungsfest ist.
Die alten Teppichweber webten oft mit Wolle als Kette in Verbindung mit Wollgarnen im Schuß. Ein geeigneter Zwirn muß aus einer langstapligen Wollqualität, am besten im Kammgarnverfahren, hergestellt sein. Leider ist die Auswahl hier nicht sehr groß: Brauchbar sind die Ryagarne; besonders strapazierfähig ist das norwegische Åklegarn (Norsk-Kunstvevgarn).
Die Wahl der Garnstärke hängt von der Kettdichte ab, die durch die Bindung und die Stärke des Schußmaterials bestimmt wird. Alle vier müssen so aufeinander abgestimmt sein, daß der Schuß die Kette gut abdeckt, aber nicht auf ihr verschiebbar ist. Generell kann man sagen: Je geringer die Kettdichte ist, um so dicker kann das Kettgarn sein, je dichter die Kettfäden zusammenliegen, um so dünner muß die Garnstärke gewählt werden. Sehr geeignet ist ein mittelstarker Baumwoll-, Hanf- oder Leinenzwirn (2000 bis 2500 m/kg), der je nach Bedarf einfach, doppelt oder gar dreifach verarbeitet wird.

Verschiedene Kettgarnqualitäten und ihre Lauflängen

Baumwollcordonett

Nm 20/3 × 2	3300 m/kg	NeB 12/6	3200 m/kg
Nm 20/3 × 3	2200 m/kg	NeB 12/9	2200 m/kg
Nm 20/4 × 3	1600 m/kg	NeB 12/12	1200 m/kg
Nm 20/3 × 5	1300 m/kg		
Nm 20/4 × 5	1000 m/kg		

Baumwollkettzwirn (Zürcher)

NeB 5/4	2000 m/kg

Leinenkettzwirne

	Delfinagarn (Zürcher)	Spezialkettgarn von Holma (HWG)
NeL 8/2	2400 m/kg	2900 m/kg
NeL 8/3	1600 m/kg	1900 m/kg
NeL 8/4	1200 m/kg	1400 m/kg
NeL 8/5	900 m/kg	1200 m/kg

Bei diesem Material schwanken die Lauflängen der verschiedenen Hersteller.

Leinenkettzwirne (Traub)

Nm 5/2	2500 m/kg	Langflachsgarn
Nm 3,5/2	1750 m/kg	Werggarn
Nm 1,5/2	750 m/kg	Langflachsgarn

Hanfkettzwirn

Nm 5/2	2500 m/kg

Wollzwirne

Nm 3/2	1500 m/kg	Ryagarn (Traub)
Nm 2,5/2	1200 m/kg	Åsborya (HWG, Zürcher)
Nm 1,8/2	880 m/kg	Åklegarn (Norsk Kunstvevgarn)

Schußmaterialien für kettdeckende Webtechniken

Für alle kettdeckenden Webtechniken ist das Schußmaterial das eigentliche Gestaltungsmittel.

Wollgarne

Teppichwollen bestehen aus rauhen Qualitäten und sind um so strapazierfähiger, je fester sie versponnen und verzwirnt sind. Mit zunehmender Festigkeit verliert der Wollfaden einiges von seiner angenehmen Weichheit. Aus diesem Grund verleiht man nur wenig gedrehten Garnen durch leichtes Anfilzen, diese Materialien heißen kerngewalkt, mehr Festigkeit.

Für sehr dicke Teppiche gibt es in der Schweiz (Zürcher) drei sehr interessante Qualitäten. Die teuerste, aber sehr hochwertige Wolle „*Tibesti*“ ist kerngewalkt und leicht aus zwei Fäden verzwirnt, daher sehr strapazierfähig und trotzdem weich. Sie ist in zwölf Naturtönen erhältlich, die Lauflänge beträgt ca. 100 m/kg.

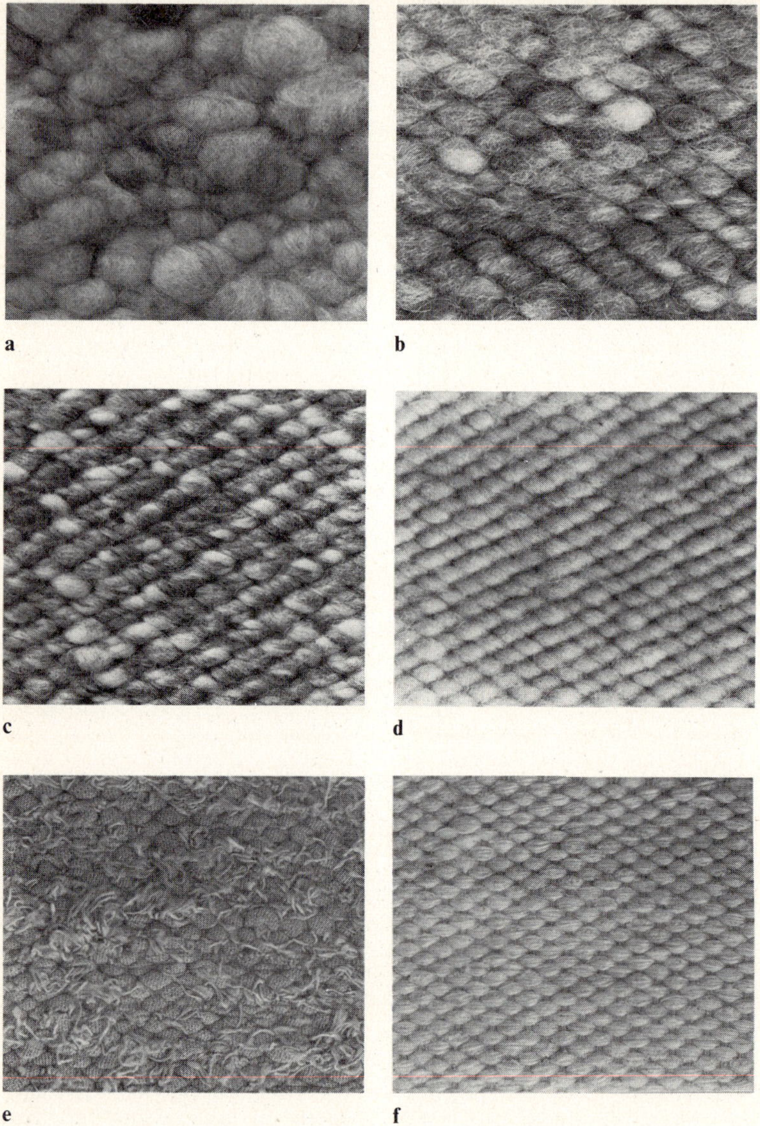

Bild 26: Texturen mit verschiedenen Schußmaterialien. a) TFL 51, b) T 90, c) Tibesti, d) Dochtwolle (Berbergarn), e) Stoffstreifen SACO, f) Stränggarn

Preiswerter sind die beiden unverzwirnten Garne *TFL 51* (60 m/kg) und *T 90* (90 m/kg). Die sehr dicke *TFL 51* wird aus unkardierter Wolle gesponnen. Die Teppiche haben ein leicht zottiges Aussehen, sind aber trotzdem sehr solide. Von glatter Struktur ist das *T 90.* Beide Qualitäten gibt es in zehn Naturfarben und verschiedenen Mischungen aus ihnen. Ähnlich wie die beiden letztgenannten Wollen sind die Qualitäten *Teppichflock* und *Teppichschuß* von Traub, sie reichen ca. 50 m/kg. Für die Verarbeitung dieser dicken Materialien braucht man ein großes Webfach, um den Schuß gut einlegen zu können.

Viele Hobbyweber verwenden das preiswertere *Kard- oder Krempelband.* Mit ihm lassen sich zwar ähnlich dicke Teppiche weben wie mit den oben vorgestellten Garnen, aber die Qualität ist bei weitem nicht so gut, weil dem Faden jeder Zusammenhalt fehlt. Deshalb sollte man beim Weben jedem eingelegten Schuß, so gut es geht, eine Drehung geben, extrem fest anschlagen und natürlich eine strapazierfähige Wollsorte auswählen. Besser ist es, die *Kardwolle* am Spinnrad zu einem gut gedrehten Garn oder Zwirn zu verarbeiten. Dieses Verfahren ist zwar arbeitsaufwendig, bietet aber die Möglichkeit eigener Faser- und Garnkombinationen, weil man dadurch das Angebot an farbiger *Kardwolle* nutzen kann (siehe auch Modell Seite 63).

Qualitativ und auch ästhetisch weniger befriedigend erscheinen mir die *Effektlunten,* bei denen ein Jute-, Synthetik- oder Hanffaden mehr oder weniger dick mit Wolle ummantelt ist. Diese Wollschicht besteht meist aus farblich stark meliertem Material. Die *Effektlunte* läßt sich längst nicht so geschmeidig verarbeiten wie ein gleich starker Wollfaden. Auch die Trittfestigkeit ist nicht überzeugend, denn die Wollschicht tritt sich mit der Zeit ab.

Für dünnere Teppiche, die trotzdem noch gut auf dem Boden liegen, kann man eine einfach gedrehte *Dochtwolle* oder einen *Teppichzwirn* (beide ca. 200 m/kg-HWG) verwenden.

Sehr strapazierfähige, dafür aber etwas rauhe Modelle webt man mit dem *Ryagarn* aus norwegischer Spelsauwolle (ca. 280 m/kg Norsk Kunstvevgarn AS) und mit einem Mischzwirn aus Wolle und Ziegenhaar (*Haargarn,* 700 m/kg, z. B. Seehawer, Ruegg). Beide Qualitäten sind auch in einer Reihe von Farben lieferbar und lassen sich gut selbst einfärben.

Eine große Farbauswahl gibt es erst bei dünneren Materialien, die man vier- bis sechsfach verweben muß, um eine ausreichende Teppichdicke zu erhalten.

Verbreitet sind die Wollen der Firma Klippan, das einfache *Mattgarn* (1250 m/kg) mit ca. 100 Farben, das gezwirnte *Åsborya* (1150 m/kg) mit 160 Farben sowie das *Flossagarn* mit ähnlicher Farbskala, aber doppel-

ter Dicke (600 m/kg). *Åsborya* und *Flossagarn* eignen sich wegen ihrer langstapligen Qualität auch gut für Florteppiche. Eine etwas rauhere Qualität, aber eine Farbskala mit besonders schönen Mischfarben bietet das *Ryagarn* von Bergå (1000 m/kg).
Eine Reihe anderer Hersteller bietet ähnliche Wollzwirne an.

Baumwollgarne

Da sich Baumwolle gut waschen läßt, eignet sie sich für Badezimmerteppiche und Matten. Man wird sie überall dort vorziehen, wo sich Insekten nicht ganz vertreiben lassen. Baumwolle rauht sich leicht auf, deshalb muß man festgedrehte und langstaplige Qualitäten verwenden. Die Auswahl ist, vor allem bei dickeren Zwirnen, nicht sehr groß.
Einen Mehrfachzwirn, die *Riesenbaumwolle,* mit einer Lauflänge von ca. 700 m/kg, gibt es bei SACO und in sehr schönen Farben bei Lewolaine. Die preiswertere Rohware läßt sich gut einfärben. Mit doppeltem Faden verarbeitet, entstehen schöne Teppiche und Matten.
Dousolide (SACO) ist ein Zwirn aus langstapliger, gekämmter Baumwolle mit einem leichten Glanz. Bei einer Lauflänge von 750 m/kg läßt er sich wie die Riesenbaumwolle verarbeiten und auch einfärben.
Die Firma Zürcher liefert mit dem *Rusinagarn* (800 m/kg) ebenfalls einen hervorragenden Doppelzwirn mit 28 Farben.
Die gleiche Qualität, jedoch einen dünneren Zwirn, findet man im *Taminagarn* (1600 m/kg Zürcher, Burkhard-Dreier), das in 49 Farben im Handel ist. Es eignet sich für Gewebe, die durch eine spezielle Bindung besonders dick werden. Man kann sich bei der Abnahme größerer Mengen auch mehrere Fäden zusammenzwirnen lassen.
Eine Mischung aus Industrieresten wird mit dem *Stränggarn* angeboten. Es ist in verschiedenen Farbstellungen erhältlich und eignet sich gut zum Verweben mit Stoffstreifen und auch für Gewebe mit Zwischenschuß, weil es recht preiswert ist.

Stoffstreifen

Am besten eignen sich Streifen aus gebrauchten Textilien. Alte Damastbezüge ergeben ein ideales Webmaterial und lassen sich gut einfärben. Schwieriger zu verarbeiten sind reinleinene Bettücher, weil sie sehr steif sind. Jerseystreifen lassen sich wegen ihrer großen Elastizität schwierig verweben.
Stoffstreifen lassen sich schneiden oder reißen. Um längere Streifen auch aus kleineren Resten zu bekommen, kann man den Stoff, wie in Bild 27 gezeigt, zuschneiden.
Man faltet die Streifen an der Umkehrstelle übereinander und klappt den oberen Streifen über die Spitze zu einer Geraden, damit im Gewebe

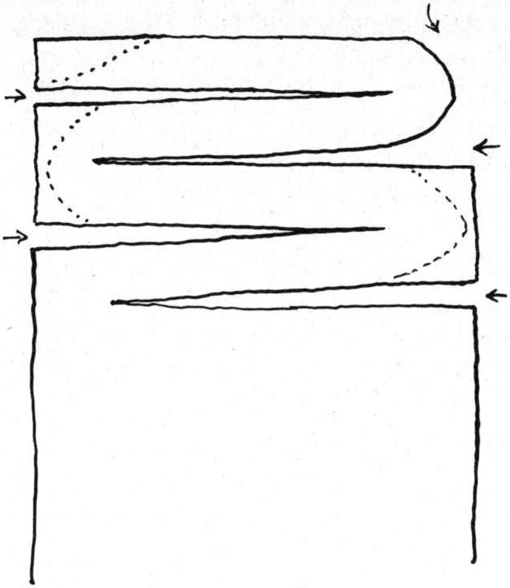

a

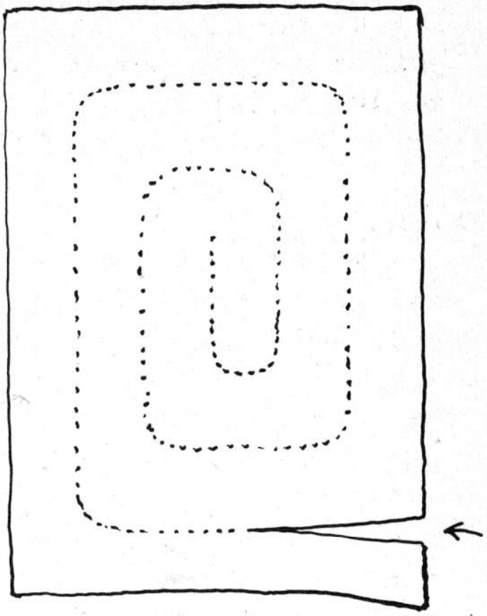

b

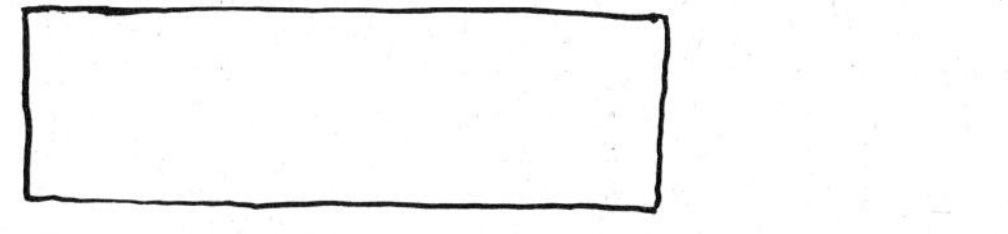

c

Bild 27: a) und b) Zuschneidemöglichkeit von längeren Stoffstreifen, c) Falten „gerader“ Bänder

keine Zipfel heraushängen. Die Spitze wird mit einigen Stichen auf dem Streifen festgenäht.

Längere Schußfäden erhält man, wenn man die Streifen zusammennäht. Dazu legt man sie entweder wie Schrägstreifen aufeinander (Bild 28 a) oder gerade übereinander (Bild 28 b). Bei der letzten Methode schneidet man die untere Stofflage nach dem Zusammennähen etwas aus.

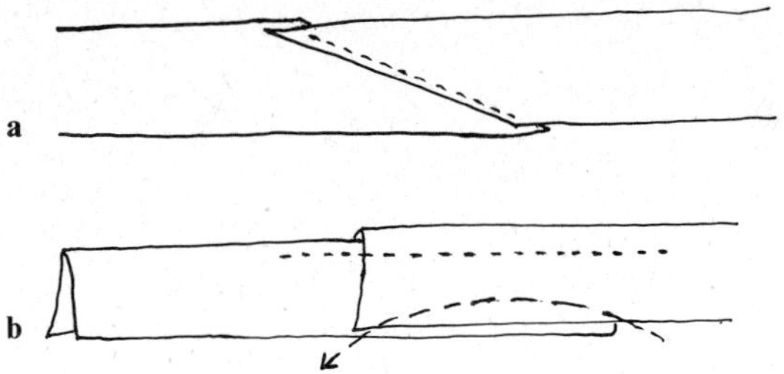

Bild 28: Möglichkeiten, Stoffstreifen zusammenzunähen

Beim Ansetzen eines neuen Schußstreifens sowie beim Weben mit kurzen Stoffstücken schneidet man Anfang und Ende der Streifen schräg und läßt die Schrägen im Fach überlappen.

Wenn man mit einer Kettdichte von drei Fäden pro cm Rips $\frac{2}{2}$ webt, wird die Streifenbreite zwischen 2,5 und 3,5 cm schwanken, je nachdem, ob es sich um ein steifes oder weiches Material handelt. Die optimale Breite probiert man immer erst mit ein paar Schüssen am Webstuhl aus, ehe man den ganzen Stoff zerschneidet und nach Farben getrennt aufwickelt. Sehr elastisches Material wie Jersey zieht das Gewebe mehr ein als steifes.

Für Florteppiche aus Stoffstreifen wählt man wenig fransende Wollstoffe oder Filze und schneidet die Stoffe schräg zum Fadenlauf zu. Bei dieser Technik kann man auch mit kurzen Stücken arbeiten.

Falls man nicht genügend Stoffstreifen zur Verfügung hat, kann man einen preiswerten, nicht zu dicht gewebten Nessel kaufen, ihn kochen und passend einfärben. Außerdem vertreiben einige Händler für Webbedarf Stoffstreifen in verschiedenen Farben (z. B. SACO, Linders Webstube, Wäbchäller).

Streifen aus Plastikfolie

Für Übungsgewebe, Auto- oder Fußmatten vor der Haustür, lassen sich Plastikeinkaufstüten in Streifen schneiden und verweben.
Für Terrassen kann man mit Garten- und Dekorationsfolien interessante Modelle herstellen, die außerdem noch recht preiswert sind.

Synthetikgarne

Im Handarbeitshandel werden immer häufiger vollsynthetische Teppichgarne angeboten, die in der Regel wie Wollimitationen aussehen. Sie sind sicher sehr strapazierfähig und Naturfasern in ihrer Unempfindlichkeit gegenüber Feuchtigkeit überlegen, laden sich aber elektrostatisch auf. Man sollte aus gestalterischer Sicht nicht mit Imitationen arbeiten, sondern sie nur dort einsetzen, wo sie sich nicht verleugnen müssen. Plastikstreifen wären ein Beispiel dafür oder auch Nylonfäden, mit denen man bestimmte Farb- oder Materialakzente setzen will.

Sisal, Kokos, Jute

Kokos, Sisal und Juteschnüre gibt es in Heimwerkerläden und Korbwarengeschäften. Eine gute Auswahl von Garnen und Zwirnen aus diesen Fasern führt Burkhard-Dreier. Sisal und Kokos eignen sich vor allem für strapazierfähige Teppiche, die auch einmal naß werden dürfen. Da sie sehr starr sind, verarbeiten sie sich leichter in Köperbindungen als in Rips.

Webmuster für Teppiche

Teppiche in Schußrips

Wer sich an seinen ersten Teppich wagt, sollte ein schönes Schußmaterial wählen und nur mit diesem Material weben. Am besten eignen sich grobe, unregelmäßig versponnene Wollgarne. Durch die handwerkliche Ausspinnung – zottelig oder glatt – entsteht immer eine interessante Oberfläche.

Vom Ripsweben

„Teppiche, durch die man den Finger stecken kann, sind wertlos, mögen sie noch so attraktiv in Farbe und Muster sein" (Mary Atwater).
Die von der amerikanischen Weberin geforderte Festigkeit erreicht man in der Regel nur, wenn ein Fadensystem durch das andere verdeckt ist. Kettdeckende Bindungen sind einfacher zu weben und bieten mehr Gestaltungsmöglichkeiten. Bindungen, bei denen Kette und Schuß gleichberechtigt sind, haben für das Teppichweben keine Bedeutung. Nur bei Sisal kann man eine Ausnahme machen, wenn man das widerstandsfähige Material sowohl für die Kette als auch für den Schuß verwendet.
Die gebräuchlichste und zugleich einfachste Bindung zum Weben sehr haltbarer Teppiche ist der Schußrips. Man kann ihn als *echten Rips* weben, indem man immer für den Eintrag zwei Fäden hebt und zwei Fäden senkt – abgekürzt schreibt man $R\frac{2}{2}$ – oder als *Scheinrips,* bei dem man die Kettfäden wie bei Leinwandbindung (L) hebt, ein Faden gehoben, ein Faden gesenkt, und in eine entsprechend eingestellte Kette den Schuß bogig einträgt und so einschlägt, daß die Kette nicht zu sehen ist.
Als Geschirreinzug bietet sich für den vierschäftigen Webstuhl der gerade Einzug über vier Schäfte an, so können beide Formen je nach Dicke des Eintragsmaterials in einem Webstück gearbeitet werden.

Bild 29: Ripsgewebe – Flickenteppich mit symmetrischer Streifenanordnung (Webanleitung Seite 64)

Ein rustikaler Läufer

(Susanne Hoffmann)

An diesem Wollteppich werden die einzelnen Arbeitsgänge verdeutlicht. Mit Hilfe der technischen Angaben kann jede beliebige Größe gewebt werden.
Maße des fertigen Läufers: 78 cm breit, 140 cm lang

Kettmaterial
Hanf Nm 5/2 (2500 m/kg) oder Åklegarn (ca. 880 m/kg), ca. 270 m
Das Wollgarn läßt sich etwas leichter verarbeiten und ermöglicht einen passenden Fransenabschluß. Hanf ist strapazierfähiger.

Schußmaterial
TFL 51, Farbe 1/3
Bei einer Lauflänge von 50 bis 60 m/kg werden 4,5 kg benötigt, das entspricht 2,6 kg je m^2. Eine ruhigere Materialvariante wäre die Farbe 2 (beige-weiß, mit eingekardeten braunen Fasern).

Kettdichte
Webstuhl: 1,5 Fäden pro cm. Blatt: 30/10, zwei Riet bezogen, zwei frei
Nagelrahmen: Bespannung mit einfachem Faden für 1,4 Fäden pro cm

Bindung
Webstuhl: Rips $\frac{2}{2}$ = zwei Fäden gehoben, zwei Fäden gesenkt
Nagelrahmen: Je zwei Fäden werden auf den Trennstab gelesen, die beiden jeweils darunterliegenden in Litzen gefaßt (Rips $\frac{2}{2}$).

Kettlänge
Webstuhl: 2,05 (unterschiedlichen Trumm beachten)
Nagelrahmen: nach Abstand der Nägel

Einstellungsbreite: 80 cm
Webkante: je zwei Fäden doppelt

Weben
Kopfstück: eine Zwirnbindung, 1,5 oder 4 cm, je nachdem, ob man einen Fransenabschluß oder einen Saum wünscht, am Webstuhl mit doppeltem Kettgarn in Scheinrips (L) weben; am Nagelrahmen webt man Rips $\frac{2}{2}$.
Hauptgewebe: Den Schuß legt man in vielen kleinen Bögen ein (siehe Seite 36) und schlägt fest an! Die Kette darf nicht zu sehen sein! Das Gewebe soll immer gleich breit bleiben! Die Breite muß immer wieder kontrolliert werden, eventuell den Breithalter benutzen.
Abschluß: Die Kettreste werden entweder mit Rollknoten zu Fransen verarbeitet oder das breitere Kopfstück mit einem halben Damaskusknoten (siehe Seite 138) gesichert und umsäumt.

Bild 30: Läufer aus rustikaler Wolle (Susanne Hoffmann)

Beim Webstuhl mit zwei Schäften muß man sich je nach Material für einen Einzug entscheiden.
Bei Webrahmen mit Gatterkamm läßt sich nur Leinwandbindung einziehen, die man aber mit doppeltem Kettfaden arbeiten kann.
Auf Nagelrahmen und anderen Geräten ohne mechanische Fachbildeeinrichtung lassen sich Trennstab und Litzen in Rips oder Leinwandbindungsform einlegen: Entweder sind immer zwei Fäden gehoben und zwei Fäden gesenkt oder ein Faden gehoben und ein Faden gesenkt.

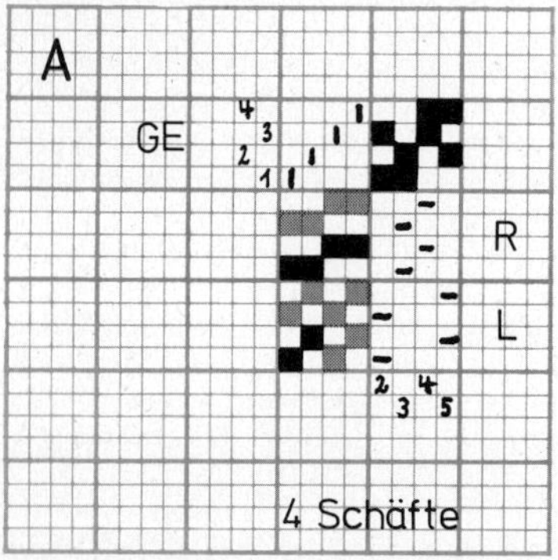

Bild 31:
Patrone für Rips und Leinwandbindung (Scheinrips)
A Webstuhl mit vier Schäften
B Webstuhl mit zwei Schäften

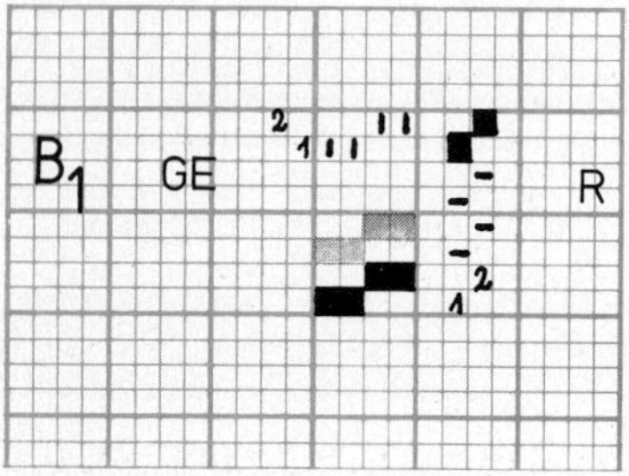

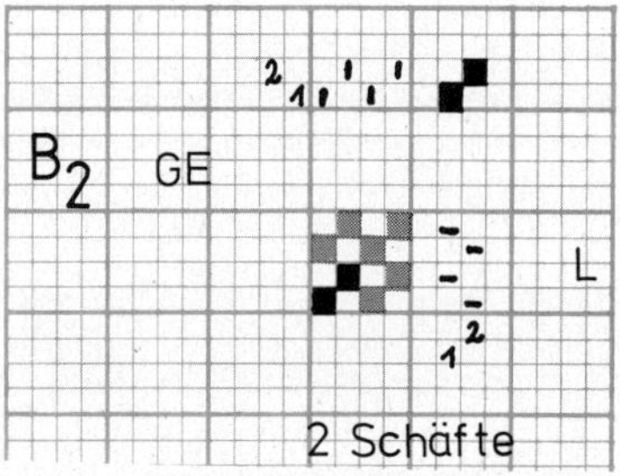

Für die Ausführung eines guten Ripsgewebes sind die **richtige Wahl der Kettdichte** und das **bogige Einlegen des Schusses wichtig.** Die Kettdichte muß so gewählt werden, daß der Eintrag weder auf der Kette hin und her geschoben werden kann, noch die Kette nicht abdeckt. Geeignete Kettdichten für einige Schußmaterialien sind in der Tabelle auf Seite 55 angegeben. Da man zum Abdecken der Kette mehr Schußmaterial benötigt als bei normaler Leinwandbindung, muß der Eintrag immer in kleinen Bögen ins Fach gelegt werden (siehe Seite 36).

Ripsbindung zieht das Gewebe etwas zusammen, 2 bis 5% sind normal. Wird das Gewebe schmaler, legt man nicht genügend Schußgarn ein und man muß die Bogenzahl vermehren. Am besten benutzt man einen Breithalter.

Schußmaterialien und wie man sie verwebt

Alle Angaben gelten für ein mittelstarkes Kettgarn (z. B. Hanf Nm 5/2 oder Baumwolle Ne 5/4)

Schußmaterial	*Lauflänge*	*Bindung*	*Kettdichte*	*Verbrauch/m²*
TFL 51	50–60 m/kg	Rips	1,5 F./cm	2,5–3 kg
Teppichflock	50 m/kg	Rips	1,5 F./cm	2,5 kg
T 90	100 m/kg	Rips	2 F./cm	2,5–3 kg
Tibesti	100 m/kg	Rips	2 F./cm	2,5–3 kg
Effektlunte	70–100 m/kg	Rips	2 F./cm	2,5–3 kg
Kardband (geteilt)	–	Rips	2 F./cm	2,5 kg
Berbergarn (Dochtwolle)	ca. 180 m/kg	Rips	3 F./cm	2–2,5 kg
Teppichzwirn	200 m/kg	Rips	3 F./cm	2–2,5 kg
Haargarn (doppelt)	700 m/kg	Rips	3 F./cm	2 kg
Rye-Garn	280 m/kg	Rips	3–3,5 F./cm	2 kg
Åsbo-Rya (4–5fach)	1150 m/kg	Rips	3 F./cm	2 kg
Riesenbaumwolle (doppelt)	700 m/kg	Rips	3 F./cm	1,5–1,8 kg
Stränggarn	unter-schiedl.	Rips	3 F./cm	1,2–1,5 kg

Für Scheinrips in Leinwandbindung benötigt man die Hälfte der angegebenen Kettfäden je cm, wählt aber ein etwas dickeres Kettgarn.

Materialvariationen

Für Gewebe, die nur aus einem ausdrucksvollen Schußmaterial bestehen sollen, kommt vor allem dicke Wolle mit Handspinncharakter in Frage. Wie einzelne Materialien in Ripsbindung wirken, zeigen die Bilder auf Seite 44.

Schon mit verschieden dicken und unterschiedlich ausgesponnenen Fäden einer Faserart kann man die Oberfläche eines Gewebes etwas strukturieren. Wolle bietet hier die beste Auswahl. Man kann aber auch glatte und frotteeartig wirkende Stoffstreifen verwenden.

Interessante Materialkontraste entstehen auch durch das Einlegen von kardierten oder unkardierten Rohwollstücken in ein Grundgewebe mit einem gut gedrehten oder gezwirnten Garn. Das Vlies legt man zusätzlich zum durchlaufenden Schuß an die gewünschte Stelle ins Fach und achtet darauf, daß die Kette abgedeckt bleibt. Eventuell muß man an den Stellen, wo keine Rohwolle eingelegt wurde, ab und zu zwei zusätzliche Schüsse einfügen, damit das Gewebe nicht schief wird. Mit dem Kontrast von glattem Garn und flauschiger Rohwolle lassen sich gut Linien, Streifen oder flächige Formen bilden. Seien Sie experimentierfreudig – Sie werden sicher erstaunliche Ergebnisse erzielen.

Bild 32: Ripsgewebe mit eingelegtem Wollvlies und Mattgarn (dreifach) im Grundgewebe

Die unterschiedlichen Garnarten kommen am besten zur Geltung, wenn man die Wirkung der Farbe ausschaltet, z. B. nur weiße Wolle verwendet oder einfarbige Stoffstreifen. Man kann auch Schußgarne unterschiedlicher Fasern miteinander kombinieren, z. B. haarige Wolle mit glatter Baumwolle oder matte Fasern mit glänzenden. Eine Vielzahl von Tonabstufungen innerhalb der natürlichen Farben vergrößert die Gestaltungsmöglichkeiten. Wie man ganz verschiedene Fasern miteinander verarbeiten kann, zeigt ein Resteteppich von Claudia Keller. Dieser Teppich lebt vom Wechsel dünner und dicker Fäden sowie von der Kombination Wolle mit den pflanzlichen Fasern Sisal, Jute und Kokos.

Resteteppich

(Claudia Keller)

Die Größe kann beliebig gewählt werden.

Kettmaterial
Langhanfzwirn Nm 5/2 (2500 m/kg), doppelter Faden

Schußmaterial
Teppichwollen verschiedener Dicke; Jute, Sisal, Kokos und Hanfschnur

Kettdichte
Webstuhl: zwei Fäden pro cm, Blatt 20/10
Nagelrahmen: 1,4 Fäden pro cm mit doppeltem Faden

Bindung
Webstuhl: $R\frac{2}{2}$
Nagelrahmen: Rips, zwei Doppelfäden gehoben, zwei gesenkt

Weben
Kopfstück: eine Zwirnbindung; 2 cm L werden mit doppeltem Kettgarn gewebt.
Hauptgewebe: Der rasche Materialwechsel verhindert, daß die Webkante durch die Verarbeitung so unterschiedlicher Materialien großen Schwankungen unterliegt. Die Schußanfänge und -enden müssen auf beiden Seiten gleichmäßig verteilt werden.
Sehr dünne Schußmaterialien kann man in Scheinrips verweben. Sisal darf nicht zu dick sein! Die verschiedenen Materialien werden sorgfältig ins Fach gelegt und fest angeschlagen.
Abschluß: Die Kettenden können zu Fransen geknotet (Rollknoten) oder zu Zöpfen geflochten werden.

Streifen – Streifen – Streifen

Schußrips ist eine ideale Bindung für das Weben von waagrechten Farbstreifen.

Wie beim Weben mit unterschiedlich strukturierten Garnen und Zwirnen kann man mit unterschiedlichen Farbtönen oder Farben eine Fläche durch sehr schmale Streifen von nur einem oder wenigen Schüssen gliedern. Entweder reichen diese Streifen von Webkante zu Webkante oder beginnen an unterschiedlichen Stellen im Gewebe, wie bei den bayrischen Flickenteppichen. Hier reicht eine Farbe gerade so weit, wie der Stoffstreifen lang ist. Man kann auch kurze andersfarbige Schußstücke als ganz feine Linien in einen einfarbigen Grund eintragen (siehe Bild 29, Seite 50). Diese Webtechniken sind zwar wegen der zahlreichen Neuansätze des Eintrags sehr arbeitsaufwendig, ermöglichen aber die

Bild 34: Wickelstreifen als Entwurfshilfe für Streifenkompositionen: Alle Streifen sind gleich breit (a), unterschiedliche Streifenbreiten wiederholen sich (b), jeder Streifen hat eine andere Breite (c)

Bild 33: Resteteppich (Claudia Keller). Teppichgarne aus verschiedenen Fasern, im schnellen Wechsel frei verwebt. Foto von Barbara Wälchli

Verwertung von Resten und die spontane Gestaltung eines Teppichs am Webstuhl. Die Farben kann man entweder gleichmäßig über die ganze Fläche verteilen oder farbliche Schwerpunkte und Blickpunkte schaffen, indem man einzelne Farben an bestimmten Stellen konzentriert.
Zum Entwerfen von Streifenkompositionen kann man einen Wickelstreifen anfertigen. Die Farbfolge wird im verkleinerten Maßstab oder in Originalgröße um einen ca. 5 cm breiten Pappkartonstreifen gewikkelt. Anfang und Ende der Fäden befestigt man auf der Rückseite mit Klebestreifen. Auf diese Weise lassen sich Materialwirkung und Farbproportionen gut abschätzen (siehe Seite 59).
Streifen entstehen in Geweben durch Material-, Farb- oder Bindungswechsel. Die einfachste Möglichkeit besteht in der Veränderung der Farbe bei gleichbleibender Streifenbreite. Wiederholt sich dabei die Farbfolge, so hat man einen Farbrapport.
Die Streifen können breit oder schmal sein. Breite Blockstreifen wirken ruhiger als eine Vielzahl schmaler Streifen. Diese Wirkung läßt sich durch die Wahl gedämpfter, unbunter, getrübter oder aber bunter, unterschiedlicher Farben unterstreichen oder abschwächen.
Die Gestaltungsmöglichkeiten nehmen zu, wenn neben der Farbe auch die Streifenbreite verändert wird: Man kann schmale Streifen einzeln (Bild 35 a), als Bündel (Bild 35 b) in gleichen oder unterschiedlichen Abständen (Bild 35 c) auf einem Teppich verteilen.
Die skandinavischen Weber unterstreichen den fortlaufenden Charakter ihrer Flickenteppiche durch das Wiederholen von Streifenkombinationen aus unterschiedlich breiten Streifen (Bild 35 d). Möchte man die Gleichförmigkeit solcher Wiederholungen etwas abschwächen, kann man z. B. die Streifenbreite beibehalten, aber die Farben an bestimmten Stellen verändern (Bild 35 e).
Teppiche bekommen ein geschlosseneres Gesamtbild, wenn man bei diesen Rapportfolgen mit der gleichen Farbe endet, mit der man begonnen hat. Man verhindert so den Eindruck, das Gewebe sei vom „laufenden Meter“ abgeschnitten.

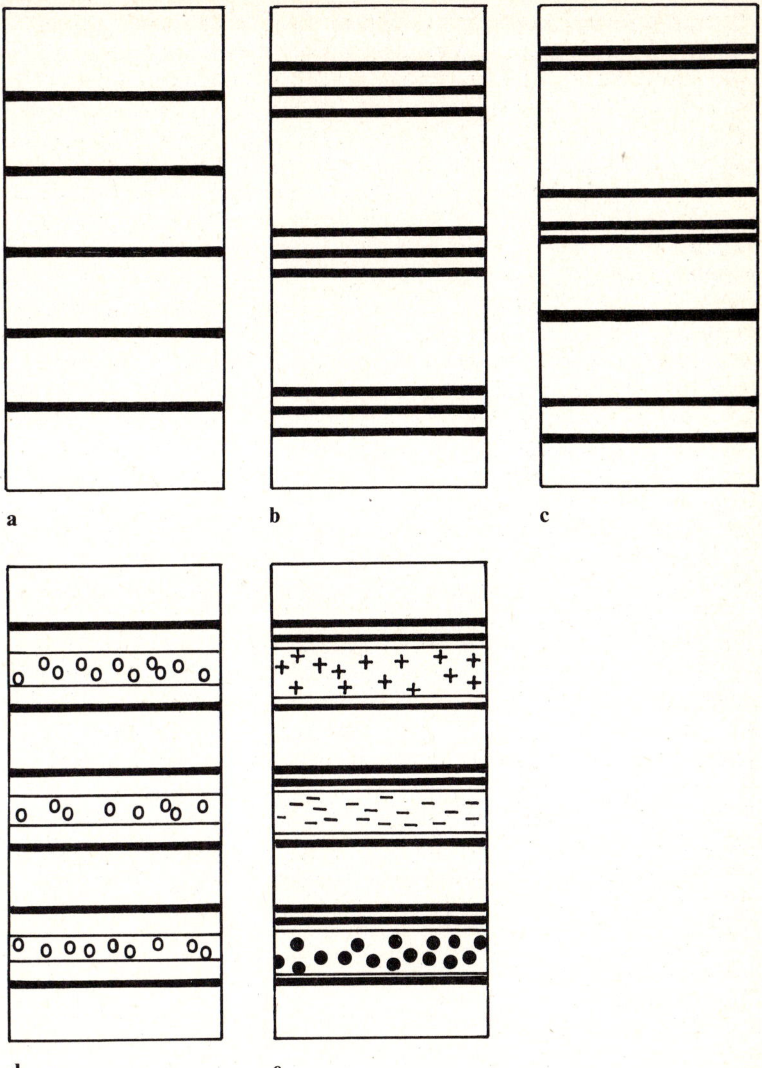

Bild 35: Anordnungsvariationen für Streifen

Wollteppich mit verschiedenfarbigen Streifenbündeln

(Diana Brüderlin)

Die Größe kann beliebig gewählt werden. Die angegebene Rapportfolge entspricht einer Teppichlänge von ca. 3 m.

Kettmaterial:	Langhanfzwirn 8/5 oder Flachswerggarn Nm 3,5/2 oder Åklegarn (880 m/kg)
Schußmaterial:	Teppichwolle Tibesti (100 m/kg)
Farbnummer:	700/9 Grau 700/7 Dunkelbraun
Verbrauch:	2,5 bis 3 kg/m^2

Farbige Wolle handgesponnen und gezwirnt aus gefärbter Kardwolle, z. B. Lewolaine

Farbnummer:	715	Mittelblau
	72	Türkis
	717	Kornblumenblau
	617	Rosa

Kettdichte
Webstuhl: zwei Fäden pro cm
Blatt: 40/10 zwei Riet eingezogen – zwei Riet frei
Nagelrahmen: Für Kettdichte 1,4 Fäden pro cm bespannen (doppelter Faden)

Bindung
Webstuhl: Rips $\frac{2}{2}$
Nagelrahmen: Rips, zwei Doppelfäden gehoben, zwei gesenkt.

Weben
Kopfstück: eine Zwirnbindung; 1 cm wird mit doppeltem Kettgarn, auf dem Spinnrad verzwirnt, in Rips $\frac{2}{2}$ gewebt.
Hauptgewebe:
Streifenfolge:
3 cm Grau;
Streifenbündel Braun
15 cm Grau;
Streifenbündel farbig
15 cm Grau;
Streifenbündel farbig
15 cm Grau;
Streifenbündel Braun
} Rapport ca. 60 cm
15 cm Grau
usw.

Bild 36: Wollteppich mit Streifenbündeln in unterschiedlichen Farben (Diana Brüderlin)

Bild 37: Wollteppich mit Einzelstreifen auf wechselnder Fondfarbe (Uwe Gruner, Diana Brüderlin)

Ende:
3 cm Grau; nach einem braunen Bündel

Streifenbündel:
ein Schuß Braun (farbig)
zwei Schuß Grau
ein Schuß Braun (farbig)
zwei Schuß Grau
ein Schuß Braun (farbig)
zwei Schuß Grau
ein Schuß Braun (farbig)
Die gleichbleibende Streifenfolge wird durch den Farbwechsel raffiniert:
Während die braunen Bündel unverändert bleiben, wechseln die farbigen:
Braun – Türkis – Mittelblau
Braun – Rosa – Mittelblau
Braun – Kornblumenblau – Türkis
Braun – Rosa – Türkis
Braun – Mittelblau – Kornblumenblau
usw.
Abschluß: Die Kettreste werden zu Fransen geknotet (Rollknoten) oder zu Zöpfen geflochten.

Flickenteppich – Variation zur Symmetrie

(siehe Bild 29, Seite 50)

Maße des fertigen Läufers: 72 cm breit, 1,20 m lang

Kettmaterial
Baumwollzwirn Ne 5/4 (2000 m/kg)

Schußmaterial
Stoffstreifen (2,5 cm breit); in warmen und kalten Gelbtönen, in verschiedenen Grautönen, uni und gemustert.
Verbrauch: für 10 cm Gewebe ca. 1 bis 1,2 m Stoff, 90 cm breit

Kettdichte
Webstuhl: drei Fäden pro cm
Blatt: 30/10
Nagelrahmen: 1,4 Fäden pro cm mit doppeltem Faden

Bindung
Webstuhl: Rips $\frac{2}{2}$
Nagelrahmen: ein Doppelfaden gehoben, ein Doppelfaden gesenkt.

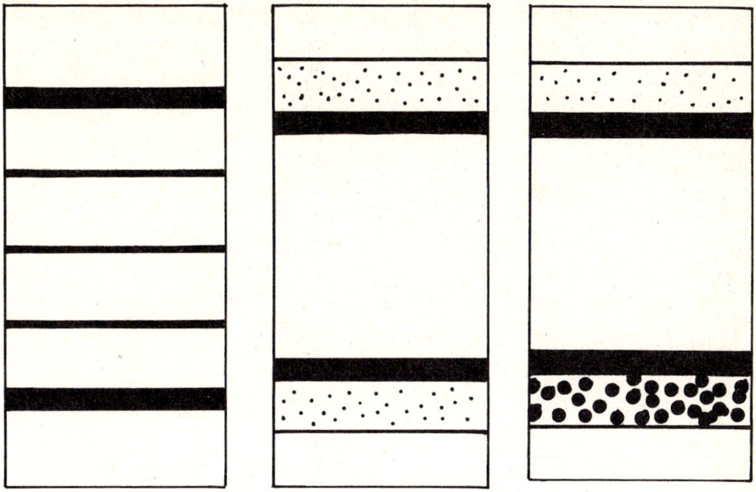

a b c

Ein besonders beliebtes Gestaltungsmittel ist die symmetrische, zur Mitte spiegelbildliche Anordnung von Streifen. Vor allem kleinere Teppiche und Brücken erscheinen dadurch als Einheit. Interessant sind Abwandlungen der Symmetrie durch ein Austauschen der Farben (siehe Bild 38 c) oder das Verändern einer Streifenproportion (Bild 38 d).

d

Bild 38: „Symmetrische“ Streifenanordnungen

Kettlänge
ca. 1,9 m

Einstellungsbreite
74 cm

Weben
Kopfstück: zwei Zwirnbindungen; 1 cm Gewebe wird mit doppeltem Kettgarn oder doppeltem Hanf Nm 5/2 gewebt.
Hauptgewebe: Die Streifen sind symmetrisch angeordnet. Der dunkelgraue Streifen bleibt auf beiden Seiten erhalten; die warmen Gelbtöne werden auf der anderen Seite durch kalte Gelbtöne ersetzt. Die gelben Linien im grauen Mittelfeld stellen die Verbindung zwischen den Randzonen her. Dieses Konzept läßt sich mit jeder anderen Farbe verwirklichen.

Streifenverteilung:

17	cm	Gelbbraun	drei verschiedene Töne; uni und gemusterte Stoffe
6	cm	Dunkelgrau	uni
1	cm	Orangegelb	uni
8	cm	Orange, Sonnengelb, Grau	gemusterte Stoffe
3,5	cm	Hellgelb, Gelbweiß	uni und gemusterte Stoffe
49	cm	Grau, fünf verschiedene Töne, Hellgelb	uni
3,5	cm	Hellgelb (kalt), Weißgelb	uni und gemusterte Stoffe
8	cm	Zitronengelbgrau	gemusterte Stoffe
1	cm	Kanariengelb	uni
6	cm	Dunkelgrau	uni
17	cm	Gelboliv	drei verschiedene Töne, uni und gemusterte Stoffe

Beim Weben legt man die einzelnen Stoffstreifen in kurzen Stücken ein. Die Ansatzstellen sollten immer wechseln, damit das Gewebe gleichmäßig wächst. Wenn sich einmal Wellen ergeben, webt man in die Täler zusätzliche Schüsse, bis man wieder eine gerade Anschlaglinie hat. Da das Gewebe fest angeschlagen wird, sieht man diesen „Betrug“ im fertigen Gewebe nicht. Die einzelnen Streifen werden ca. 0,5 bis 1 cm breiter gewebt als in der Streifenverteilung angegeben, weil das folgende Gewebe sie noch zusammendrückt.

Abschluß: Die Kettfäden werden zu Fransen geknotet oder zu Zöpfen geflochten. Wer keine Fransen mag, kann die Kettreste ins Gewebe zurückstopfen.

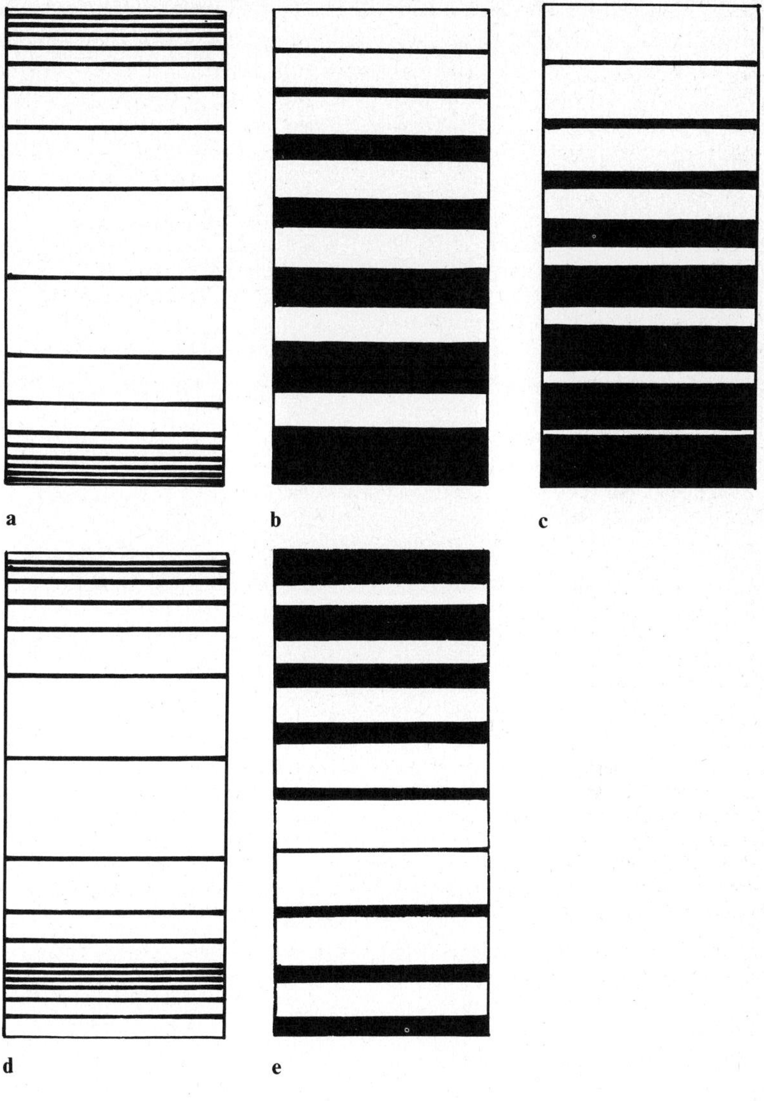

Bild 39: Streifenprogressionen

Symmetrische Anordnungen treten auch oft bei Streifenprogressionen (Bild 39 a) auf. Bei Progressionen verändert sich der Abstand zwischen den Streifen (Bild 39 a), die Streifenbreite (Bild 39 b) oder beides (Bild 39 e). Dadurch bekommt das Gewebebild einen fließenden Charakter, und man kann Übergänge von einer Farbe zur anderen, von hell nach dunkel oder von dunkel nach hell verwirklichen. Die Zonen größter Streifenverdichtung oder -entzerrung können an den verschiedensten Stellen des Gewebes liegen (Bild 39 d und e).
Die freie Streifenfolge kennt keinen Rapport, die Streifenbreiten und Farben variieren, können jedoch mehrfach auftreten. Je größer die Proportionsunterschiede sind, um so spannender erscheint der Entwurf. Geringe Unterschiede erwecken den Eindruck von Gleichförmigkeit. Für die Farbanordnung gilt Ähnliches: Ein gleichmäßiges Verteilen der Farben über die ganze Fläche kann ruhiger wirken, aber auch fabrikmäßig hergestellt aussehen, das Gruppieren der Farben zu Schwerpunkten unterstreicht den Einzelstückcharakter.

Baumwollteppich in freier Streifenfolge

Dieser Teppich ist etwas für Färbefans. In der Streifenfolge treten die Gegenfarben Orange und Blau in Verbindung mit Brauntönen auf. Da unbunte Nuancen bevorzugt werden, ist eine Kombination so entgegengesetzter Farben möglich, ohne daß der Entwurf „schreiend" wirkt.
Maße des fertigen Teppichs: 68 cm breit, 1,2 m lang

Kettmaterial
Baumwollcordonett Nm 20/6 (3300 m/kg)

Schußmaterial
Riesenbaumwolle (700 m/kg) natur
Coton Dousolide (750 m/kg) natur; Verbrauch insgesamt ca. 1 kg
Taminagarn Farbnummer: 354 (1600 m/kg); Verbrauch 8 m

Kettdichte
Webstuhl: drei Fäden pro cm
Blatt 30/10, Randfäden dichter eingezogen
Nagelrahmen: 1,4 Fäden pro cm mit doppeltem Faden

Bindung
Webstuhl: Rips $\frac{2}{2}$
Nagelrahmen: ein Doppelfaden gehoben, ein Doppelfaden gesenkt

Einstellungsbreite
70 cm

Weben
Kopfstück: zwei Zwirnbindungen; 1 cm mit doppeltem Kettgarn oder Taminagarn, das passend eingefärbt (10 g) ist, in Scheinrips mit Leinwandbindung gewebt.

Hauptgewebe:
Streifenfolge:

21 cm	Braungrau	(1)	165 g	
3 cm	Dunkelblau	(2)	30 g	Dousolide
9 cm	Braun	(3)	80 g	
5 Schuß	Hellachs	(4)	12 g	Dousolide
4,5 cm	Mittelblau	(5)	40 g	
39 cm	Gelbbeige	(6)	300 g	
1,5 cm	Hellblau	(7)	15 g	Dousolide
6 cm	Dunkelblau	(2)	70 g	
3,5 cm	Braun	(3)	30 g	
2 Schuß	Orange	–	ca. 8 m Taminagarn	
10,5 cm	Hellgrau	(8)	90 g	
2 cm	Hellorange	(9)	25 g	Dousolide
4 cm	Hellachs	(4)	40 g	Dousolide
15 cm	Graubraun	(10)	100 g	

Riesenbaumwolle und Dousolide werden mit doppeltem Faden verwebt. Die Fäden müssen parallel liegen.
Wegen des Materialeffektes kann man zwei verschiedene Baumwollgarne wählen oder die preiswertere Riesenbaumwolle allein verarbeiten oder nur die bessere Dousolide. Wer nicht gern färbt, kann auch Ryagarn verwenden. Dieses Material verwebt man fünf- bis sechsfach in der angegebenen Kettdichte. Die benötigten Farben stellt man aus drei Wollsortimenten zusammen: Mattgarn und Åsbo-Rya von Klippan sowie Ryagarn von Bergå.

Farbe	Farbnummer	
1	4003	Åsbo-Rya
2	2922	Bergå
3	1533	Bergå
4	4227	Åsbo-Rya
5	5055	Mattgarn
6	1143	Bergå
7	5054	Mattgarn
8	4061	Åsbo-Rya
9	4230	Åsbo-Rya
10	4044	Åsbo-Rya
Orange	4308	Åsbo-Rya

Abschluß: Mit dem Damaskusknoten knotet man Einzelfransen ab.

Bild 40: Baumwollteppich – freie Streifenkomposition

Große Teppiche auf kleinen Webstühlen

Das Weben größerer Teppiche macht oft Schwierigkeiten, weil man meist kein Webgerät mit großer Webbreite aufstellen kann. Zwar besteht die Möglichkeit im Rahmen von Webkursen auf entsprechenden Webstühlen zu weben; jedoch findet längst nicht jeder Interessierte solche Angebote in seinem Wohnbereich. Um einen großen Teppich zu realisieren, bleibt nur die Möglichkeit, mehrere Gewebestreifen zusammenzunähen. Da bei Flachgeweben – anders als bei Florgeweben – die „Nähte" sichtbar bleiben, müssen sie in die Gestaltung einbezogen werden, damit sie nicht als Notbehelf erscheinen und die Streifen zusammengesetzt eine Einheit bilden.

Die Gestaltung

Am schwierigsten zu verwirklichen sind Entwürfe, bei denen bestimmte Musterteile genau zueinander passen müssen (Bild 41 a).
Am einfachsten ist es wohl, gleiche Gewebebahnen gegengleich zusammenzunähen (Bild 41 b). Dabei kann die Breite der Bahnen variieren. Dazu fertigt man entweder mehrere Ketten an oder legt entsprechende Ketteile still, wodurch ein größerer Abfall entsteht.
Man kann aber auch die Streifenbreite jeder Farbe beibehalten und die Aufeinanderfolge in jeder Bahn etwas verschieben (Bild 41 c). Umgekehrt kann man die Farbreihenfolge beibehalten und die Streifenbreite verändern (Bild 41 d). Hier konzentrieren sich gleiche Farben auf einer Seite und unterschiedlich große Flächen gleicher Farbe, die sich optisch zu einer Fläche verbinden können, kommen nebeneinander zu liegen. Diese Wirkung kann man verstärken, wenn die sich berührenden farbgleichen Flächen sehr groß sind und die Farben große Hell-Dunkel-Unterschiede aufweisen.
Beim Entwerfen kann man die Ausgangsstreifenfolge mehrmals zeichnen und durch Verschieben und Zerschneiden unterschiedliche Möglichkeiten des Zusammensetzens ausprobieren.
Besteht jede Teppichbahn aus einer anderen Streifenfolge, kann man das flächige oder lineare Moment betonen: So unterstreichen z. B. Progressionsstreifen die lineare Wirkung der Komposition (s. Bild 45).
Spannung entsteht, wenn man die Bahnen aus zahlreichen schmalen Streifen mit wenig unterteilten, großflächig gestalteten kombiniert.
Alle Bahnen können mit der gleichen oder aber ganz verschiedenen Farben gewebt werden. Man kann z. B. zwei unterschiedliche Farbkompositionen über mehrere Bahnen miteinander verbinden: von warm

nach kalt, von einer Farbe zur anderen, von hell nach dunkel oder von bunt nach unbunt. Dabei versucht man Übergänge zu schaffen, z. B. durch unbunte Farben, durch Mischfarben, in denen die Ausgangs- und Zielfarben enthalten sind, oder durch langsames Ersetzen der alten Farben durch die neuen (s. a. Bild 116).

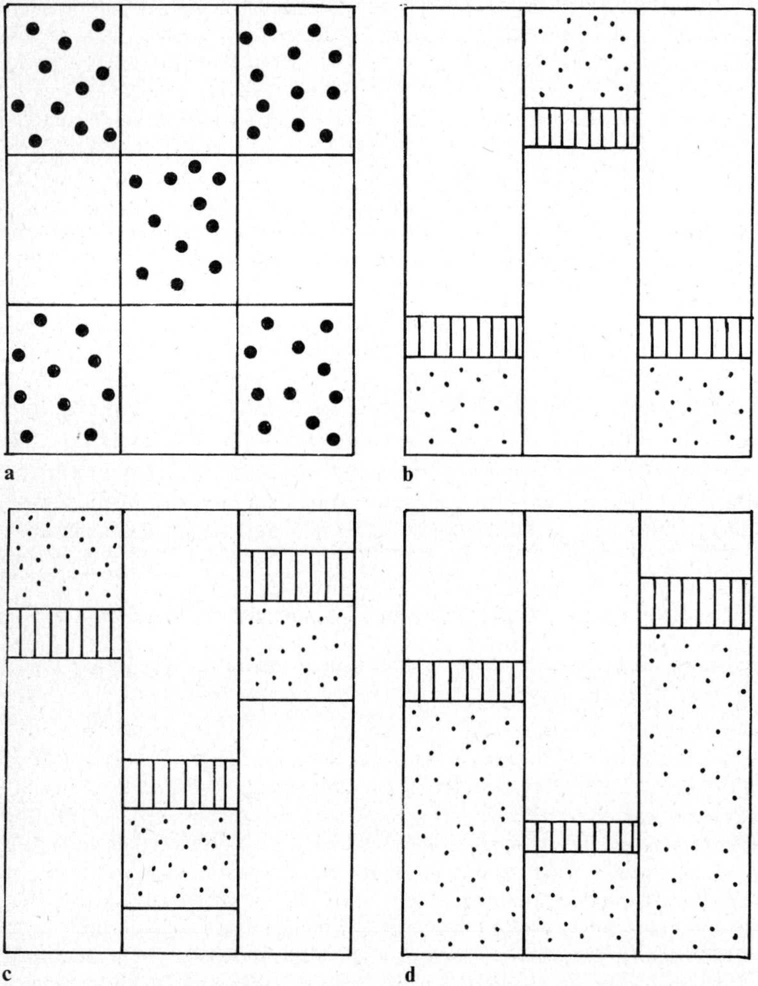

Bild 41: Gestaltungsmöglichkeiten durch Zusammennähen von Gewebebahnen

Das Weben der Bahnen

Beim Zusammensetzen von Bahnen muß man die einzelnen Teppichteile möglichst gleich lang weben. Dazu fertigt man sich ein Papiermaß in Gewebelänge an. Mehrere ca. 3 cm breite Papierstreifen werden zusammengeklebt und alle Streifenbreiten darauf eingezeichnet. Das Maß steckt man am Gewebe fest, rollt es aber nicht mit auf den Warenbaum (siehe Seite 39). Die Breite des Kopfstücks wird genau notiert. Die Kette muß gleichmäßig gespannt und die Webkanten sollen möglichst gerade sein. Bei guter Kettspannung lassen sich mehrere Bahnen hintereinander weben. Um zwischen den Bahnen Kette für Fransen auszusparen und trotzdem eine gute Anschlagkante für die neue Bahn zu bekommen, legt man für ca. 30 bis 40 cm Kette Bäumlatten in Leinwandbindung ins Fach oder webt mit Abfallmaterial, das man nach dem Abnehmen des Gewebes wieder entfernt. Lockert sich die Spannung einzelner Kettfäden, schneidet man das Gewebe nach Fertigstellung einer Bahn ab und bindet die Kette neu an.

Wenn die Länge der Bahnen durch ein Versehen nicht genau stimmt, entfernt man am Anfang oder Ende des Hauptgewebes vorsichtig einen oder zwei Schuß, ehe man die Fransen abknotet. Danach muß das Kopfstück an das Gewebe herangeschoben werden.

Zusammennähen mehrerer Bahnen

Die vom Webstuhl genommenen Bahnen sollten einige Tage flach auf dem Boden liegen, damit sich die Kette auf ihre endgültige Länge zurückziehen kann. Eine Bahn, die frisch vom Webstuhl kommt, darf nie mit einer schon länger gewebten zusammengenäht werden, weil die Naht wegen der noch vorhandenen unterschiedlichen Kettspannung beult und sich verzieht.

Zum Zusammennähen fertigt man am besten ein Papiermodell in der genauen Teppichgröße an.

Als Nähgarn verwendet man das Kettgarn oder ein in Faser und Farbe passendes anderes reißfestes Material, eventuell einen durchsichtigen Nylonfaden. Als Nadel eignet sich eine Smyrna- oder eine gebogene Polsterernadel.

Die Teile werden so zusammengenäht:

- Die Bahnen werden nur an einer Seite abgeknotet oder gesäumt.
- Am abgeknoteten Ende beginnt man mit dem Zusammennähen und hört ca. 20 cm vor dem nicht abgeknoteten Ende auf. Beim Nähen legt man die Bahnen flach auf den Boden und bindet die Teile eventuell alle 20 cm mit einem durch die Webkanten gezogenen Faden zusammen. Dieser Faden wird später wieder entfernt.

- Der Teppich wird genau auf das Maß gelegt. Jetzt kann man feststellen, wo die Fransen der anderen Seite sitzen müssen und ob die Länge der Bahnen durch Herausnehmen eines oder mehrerer Schüsse des Hauptgewebes korrigiert werden muß.
- Sind eventuell nötige Korrekturen ausgeführt, wird das Zusammennähen beendet.
- Danach kann auch die zweite Seite abgeknotet oder gesäumt werden.

Am haltbarsten ist die Naht, wenn der Faden in Achterbögen um die äußersten Kettfäden geführt wird (Bild 42a), wobei die freie Hand den Faden am Teppich festhält. Am Anfang und Ende setzt man die Stiche besonders eng und stopft die Fadenenden in das Gewebe zurück. Der Nähfaden darf nicht zu lang sein, weil er durchscheuern kann. Jedes neue Stück wird mit einem Kreuzknoten (siehe Seite 138) am Ende des verbrauchten Fadens befestigt. Die offenen Enden des Knotens zieht man in das Gewebe. Unsichtbar, aber weniger haltbar ist eine Naht, die durch die Schußschlingen an der Webkante geführt wird (Bild 42b).

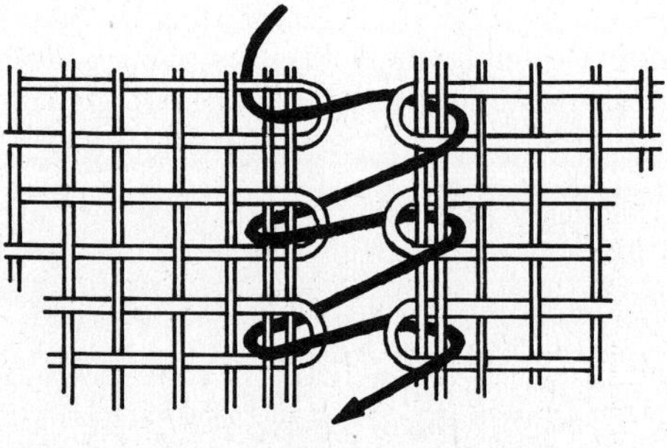

a

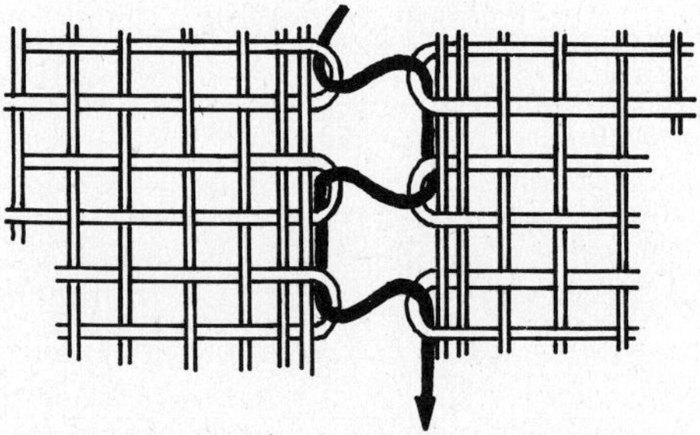

b

Bild 42: So können Gewebe zusammengenäht werden

Bild 43: Zusammengesetzt aus drei Bahnen: Teppich für die Terrasse

Ein Teppich für die Terrasse

Teppiche auf der Terrasse müssen auch einmal einen Regen vertragen können. Deshalb kann man neben Flicken die sehr unempfindlichen Sisalfasern verwenden, die sich jedoch nur auf sehr stabilen Webstühlen verarbeiten lassen. Hier kann man aber auch einmal mit einem sehr ungewohnten Material experimentieren: Plastikfolie aus dem Garten- oder Dekorationsbedarf ist preiswert, unverrottbar und bietet durch die Durchsichtigkeit zusätzliche gestalterische Möglichkeiten. Man kann den Gegensatz durchsichtig-undurchsichtig aufgreifen oder mit farbigen Kettfäden spielen, die beim Weben mit durchsichtiger Folie sichtbar bleiben. Ein vollsynthetischer Zwirn, der als Kettgarn im Handel ist, läßt sich recht problemlos verarbeiten. Man kann auch eine bastartige, vollsynthetische, unelastische Paketschnur verwenden.
Maße des fertigen Teppichs: 1,65 m breit, 1,80 m lang

Kettmaterial
Packschnur weiß 100 m = 83 g (z. B. Coop Schweiz)

Schußmaterial
Abdeckfolie, durchsichtig (Gartenbedarf); ca. 25 m, 1,5 m breit, in 3 bis 3,5 cm breite Streifen geschnitten
Lackfolie, weiß (Dekorationsbedarf); 2 m, 1,4 m breit, in 2,5 cm breite Streifen geschnitten

Kettdichte
Webstuhl: ein Faden pro cm
Blatt: 20/10; jedes zweite Riet eingezogen, je zwei Randfäden doppelt
Nagelrahmen: 1,4 Fäden pro cm mit einfachem Faden bespannen, Streifen etwas schmaler schneiden

Bindung
Webstuhl und Nagelrahmen: Leinwandbindung als Scheinrips gewebt

Kettlänge
Für drei Bahnen am Webstuhl: 7,20 m (60 cm Trumm)

Einstellungsbreite
56 cm

Weben
Kopfstück: eine Zwirnreihe, drei Schuß Leinwandbindung mit dem Kettgarn
Hauptgewebe: Für die Bahnen wurde eine Aufteilung mit Streifenbetonung und dem Gegensatz von weißer undurchsichtiger zu durchsichtiger Folie gewählt. In Bild 44 wird das flächige Moment betont. Zusätzlich könnte man eine Farbe oder Grau verarbeiten (Fläche mit Kringeln).

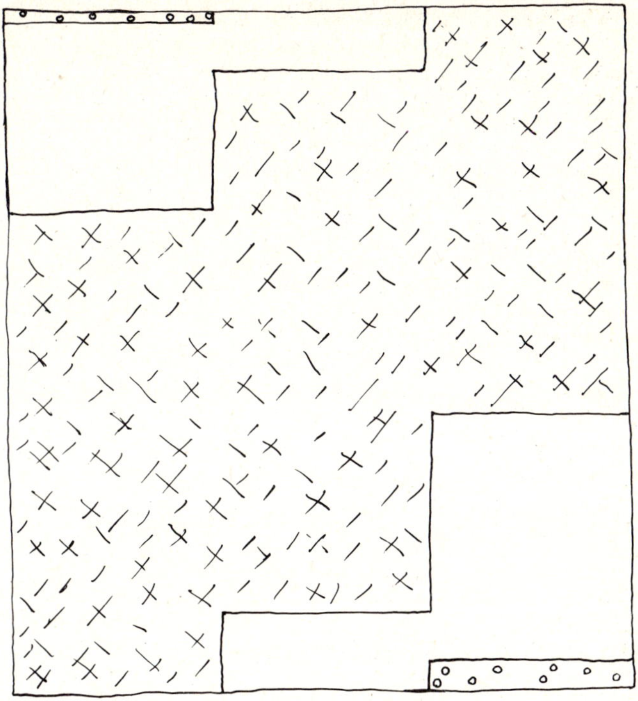

Bild 44: Aufteilungsmöglichkeit mit Flächenbetonung

Streifenverteilung:

1. Bahn:	2. Bahn	3. Bahn
30 cm Klar	50 cm Klar	40 cm Klar
4 cm Weiß	4 cm Weiß	4 cm Weiß
120 cm Klar	6 cm Klar	22 cm Klar
4 cm Weiß	4 cm Weiß	10 cm Weiß
20 cm Klar	6 cm Klar	6 cm Klar
	4 cm Weiß	4 cm Weiß
	104 cm Klar	92 cm Klar

Abschluß: Die Bahnen werden wie auf Seite 74 beschrieben in Achterbögen mit Nylonfaden zusammengenäht. Die Kettfadenenden sichert man durch Knoten und schneidet sie auf die gewünschte Länge ab.

Bild 45: Zusammengesetzte Streifenkomposition. (Progressionen in verschiedenen Rosttönen, auf einem „Fond" in Hellorange)

Webmuster mit zweifarbigem Schuß auf einem Schützen

Webt man mit zwei Fäden unterschiedlicher Farbe, lassen sich verschiedene Muster erzeugen, die bei glatten, gleichmäßig versponnenen Garnen (z. B. Riesenbaumwolle, Åsbo-Rya, jede Farbe doppelt oder dreifach genommen) gut zur Geltung kommen. Am besten eignet sich die Kombination von hellen und dunklen Tönen. Man wickelt beide Farben möglichst parallel auf ein Schiffchen. Die Muster entstehen dann in der Reihenfolge, in der die verschiedenen Farben nebeneinander im Fach liegen.

Waagrechte Linien entstehen, wenn jeweils zwei Fäden gleicher Farbe in zwei Schüssen nebeneinander liegen (Bild 46 a):

- 1. Schuß: Der Schuß wird eingelegt und die beiden Fäden so geordnet, daß der helle Faden näher am Gewebe, der dunkle parallel darüber liegt. Danach legt man Bögen und schlägt an!
- 2. Schuß: Man legt den Schuß ein und ordnet die Fäden so, daß der dunkle Faden am Gewebe liegt und der helle darüber. Danach legt man Bögen und schlägt an.

Durch das Wiederholen der Folge entsteht das Muster. Die Fäden dürfen sich im Fach nicht verkreuzen oder verschlingen, sondern müssen genau parallel laufen.

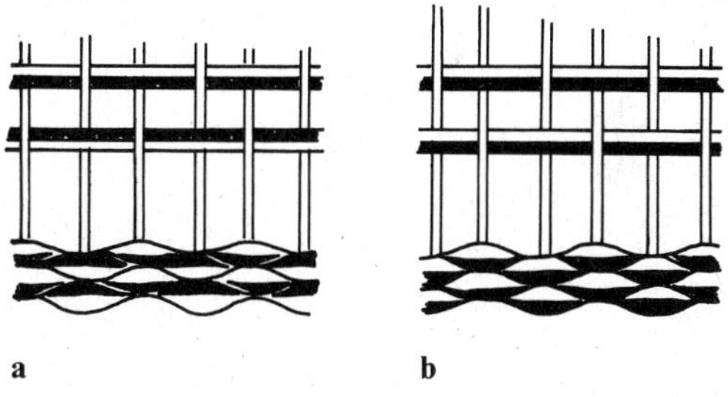

Bild 46: Weben mit zweifarbigem Schuß
a) waagrechte Streifen, b) punktartiges Muster

Bleibt die Lage der Fadenpaare immer gleich, entsteht ein punktartiges Muster (Bild 46 b):

- 1. Schuß: Hell am Gewebe, Dunkel darüber,
- 2. Schuß: Hell am Gewebe, Dunkel darüber.

Beide Mustermöglichkeiten können kombiniert werden: Dazu muß man die Fadenlage bei jedem zweiten Schuß dort verändern, wo ein Wechsel der Musterung auftreten soll (Bild 47).

- 1. Schuß: Man legt den Schuß zunächst parallel und bogig ins Fach, Hell am Gewebe und Dunkel darüber, und schlägt nur leicht an. Den dunklen Faden bringt man an den Stellen, wo man Punkte wünscht, mit den Fingern unter den hellen. Die Verkreuzungen liegen hinter einem Kettfaden.
- 2. Schuß: Dunkel am Gewebe, Hell darüber.

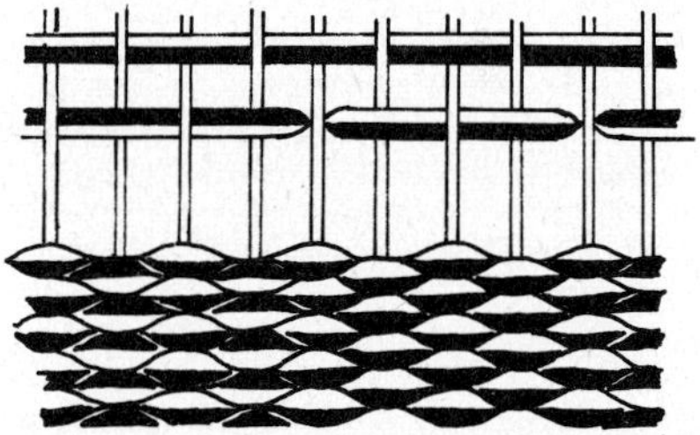

Bild 47: Weben mit zweifarbigem Schuß: Kombination von waagrechten Streifen und „Punkten“

Flächen mit Punkten und Linien kann man unterschiedlich auf einem Gewebe verteilen: z. B. Vierecke mit Streifen im Wechsel mit Vierecken, die mit Punkten gemustert sind; ein gestreifter Rand umgibt ein gepunktetes Mittelfeld; ein „gepünktelter“ Längsstreifen durchzieht eine waagrecht gestreifte Fläche. Bild 49 zeigt eine diagonale Anordnung mit unterschiedlich gemusterten Flächen.
Ebenso lassen sich mit drei verschiedenen Farben in einem Schuß Muster weben (Bild 48).

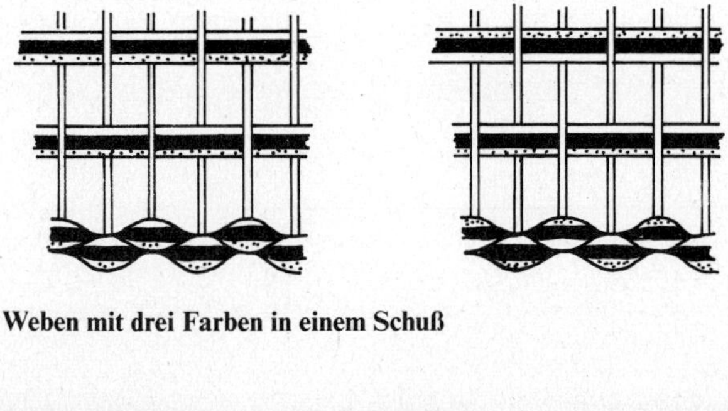

Bild 48: Weben mit drei Farben in einem Schuß

Zum Weben von Farbübergängen eignet sich eine Webtechnik mit meist dreifädigem Schuß, die man „Schattieren“ nennt. Hierbei beginnt man mit drei Fäden einer Farbe A und ersetzt nacheinander jeweils einen Faden durch die neue Farbe B.

1. A	2. A	3. A	4. B
A	A	B	B
A	B	B	B

Die einzelnen Fäden müssen im Schuß nicht ganz genau parallel liegen. Eine Mischung macht hier gerade den Reiz aus.
Man kann gleich oder verschieden breite Streifen als Übergang von einer Farbe zur anderen gestalten. Es ist reizvoll, das Schattieren über mehrere Farben fortzusetzen (siehe Bild 50, Seite 82) oder auch innerhalb einer Farbe z. B. von dunkel nach hell und umgekehrt, von warmen Tönen zu kälteren zu gehen.

Waagrechte und senkrechte Streifen mit zwei Schützen gewebt

Die im letzten Kapitel beschriebenen Muster entstehen durch eine bestimmte Reihenfolge der Farben im Schuß.
Beim Ripsweben benutzt man häufig die folgenden Möglichkeiten. Die Farben wickelt man hier, im Gegensatz zu den bisher dargestellten Mustern, getrennt auf eigene Schützen.
Waagrechte *Nadelstreifen* entstehen, wenn zwei gleichfarbige Fäden in einem unterschiedlichen Fach nebeneinander liegen (siehe auch Bild 51 a):

- Einen Schuß von Farbe A webt man von links nach rechts, einen Schuß von Farbe A von rechts nach links.
- Einen Schuß von Farbe B webt man von rechts nach links, einen Schuß von Farbe B von links nach rechts (Bild 51 a).

Bei dieser geradzahligen Schußfolge gibt es keine Probleme mit der Webkante. Bestehen die Streifen aus vier oder sechs Schüssen, wird der gerade nicht benutzte Schußfaden durch Umschlingen mit dem webenden Faden weitergeführt (siehe Bild 51 c). Webt man eine ungerade Schußzahl, z. B. drei Schüsse je Farbe, muß man jeweils die erste Farbe um den Schußfaden der zweiten Farbe schlingen, wenn man mit ihr zu weben beginnt, damit der Faden beim ersten Schuß nicht zu weit ins Fach zurückrutscht, denn erster und letzter Schuß jeder Farbe liegen im gleichen Fach.

Bild 49: Weben mit zweifarbigem Schuß: diagonale Anordnung „gestreifter“ und „gepunkteter“ Flächen

Bild 50: Weben mit dreifarbigem Schuß: Schattierung

a

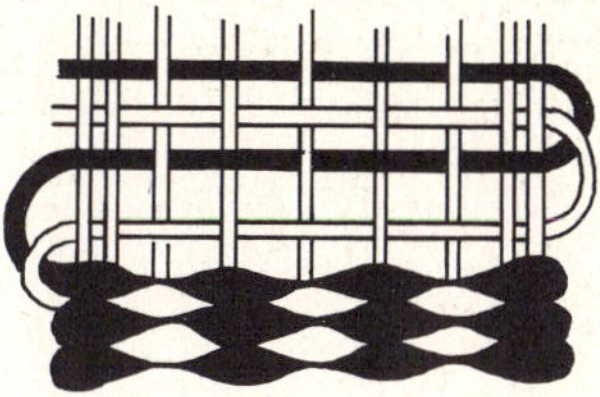

b

Bild 51:
Waagrechte und senkrechte Streifen beim Ripsweben
a) waagrechte Streifen
b) senkrechte Streifen bei ungerader Kettfadenzahl
c) senkrechte Streifen bei gerader Kettfadenzahl

c

Bild 52: Musterkombination aus waagrechten und senkrechten Streifen

Diesen Effekt nutzt man auch beim Weben senkrechter Streifen aus. Hier wechseln sich die Farben in jedem Schuß ab, und es entsteht über jedem Kettfaden eine senkrechte Linie.
Bei einer ungeraden Kettfadenzahl sind die äußeren Streifen an beiden Webkanten farblich gleich. Die Schußfäden müssen am Rand verschlungen werden, damit sie nicht ins Fach zurückrutschen.
Für eine ungerade Kettfadenzahl gilt (Bild 51 b):

- Man beginnt mit beiden Farben auf der gleichen Seite, hebt die ungeradzahligen Kettfäden und webt die erste Farbe (Hell), dann hebt man die geradzahligen Kettfäden und webt die zweite Farbe (Dunkel). An den Webkanten führt man immer den hellen Schußfaden (ersten) über den dunklen (zweiten).

Für eine gerade Kettfadenzahl gilt (Bild 51 c):

- Man beginnt wieder mit beiden Farben auf der gleichen Seite, in Bild 51 c links, webt den ersten Schuß (Hell) durch Heben der ungeradzahligen Kettfäden, den zweiten Schuß (Dunkel) durch Heben der geradzahligen Kettfäden. Bei Webbeginn auf der linken Seite muß man an der Webkante links den (hellen) ersten Schuß über den zweiten (dunklen) führen, rechts den ersten (hellen) Faden unter den zweiten (dunklen).

Bei Webbeginn auf der rechten Seite geschieht das Verschlingen in umgekehrter Reihenfolge: links „Hell" unter „Dunkel", rechts „Hell" über „Dunkel".
Bei dicken Schußgarnen erreicht man eine stabilere Webkante, wenn man jeweils einen Schuß zweimal um die Randkettfäden schlingt, den anderen schon vor diesen Kettfäden wendet.
Für eine gerade Kettfadenzahl gilt:

- Die ungeradzahligen Kettfäden werden gehoben und der Schuß von rechts nach links eingetragen, dabei wird der rechte äußerste, meist doppelte Webkantenfaden ausgelassen.
- Die geradzahligen Kettfäden werden gehoben, der zweite Schuß zweimal von oben nach unten um die Randfäden geschlungen und von rechts nach links ins Fach gelegt.
- Die ungeradzahligen Kettfäden werden gehoben, der Schußfaden der ersten Farbe zweimal von unten nach oben um die Randfäden gewikkelt und von links nach rechts ins Fach geführt.
- Die geradzahligen Kettfäden werden gehoben, der Schuß mit der zweiten Farbe von links nach rechts eingetragen, ohne den Randfaden mitzuweben.

Diese Schußfolge muß genau eingehalten werden. Der Webablauf für eine ungerade Kettfadenzahl ergibt sich aus Bild 53. Hier umschlingt immer die gleiche Farbe die Randkettfäden auf beiden Gewebeseiten.

Bei dieser Webkantenverarbeitung entstehen eine „rechte“ und eine „linke“ Gewebeseite, auf der „linken“ sieht man die Übersprungsschlingen der Farbe, die vor der Webkante wendet.

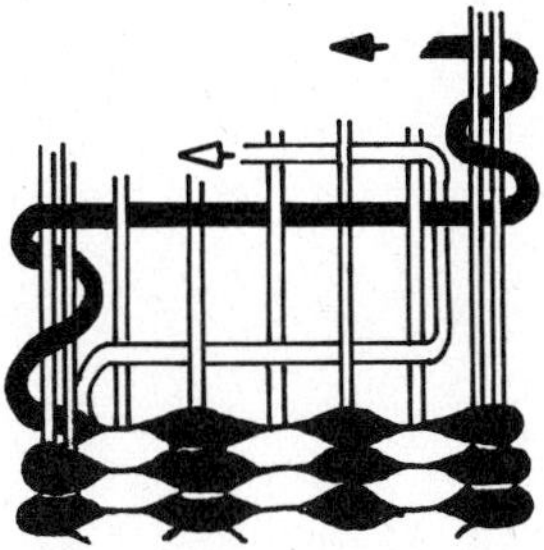

Bild 53: Webkantenverarbeitung für eine ungerade Kettfadenzahl beim Weben von Längsstreifen mit dickem Schußmaterial

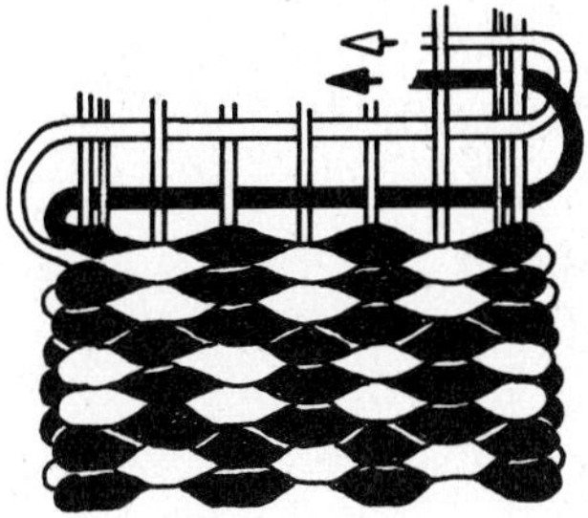

Bild 54: Weben von Blockmustern in der Längsstreifentechnik

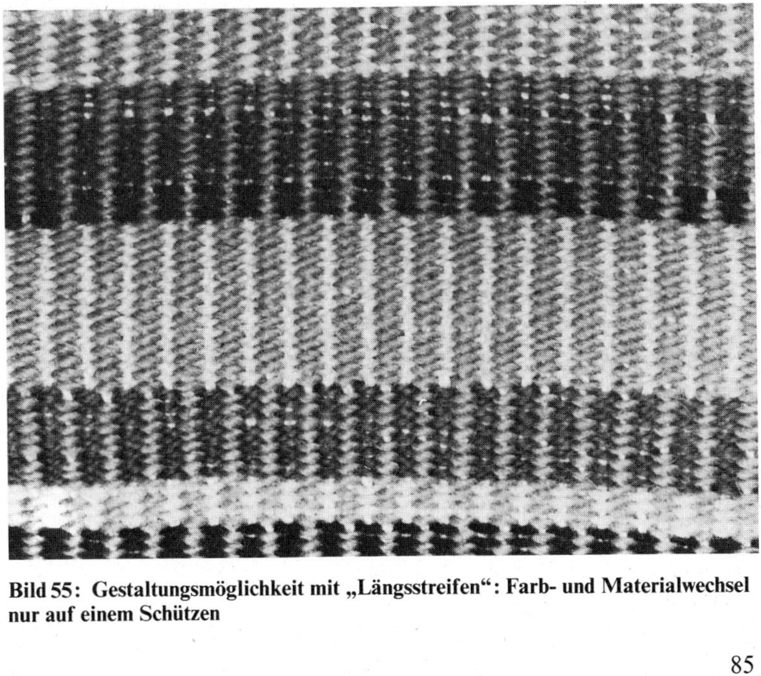

Bild 55: Gestaltungsmöglichkeit mit „Längsstreifen“: Farb- und Materialwechsel nur auf einem Schützen

Die beiden beschriebenen Webtechniken eröffnen eine Reihe von Gestaltungsmöglichkeiten:

- Unterbricht man den Farbwechsel beim Weben von senkrechten Streifen und trägt eine Farbe mit zwei Schüssen ein, versetzt man damit die Streifenfolge; schachbrettartige Muster sind möglich (siehe Bild 54 und 55, Seite 85)!
- Längs- und Querstreifen lassen sich zu Blockstreifen kombinieren, die man auf ein einfarbiges Gewebe setzt.
- In den skandinavischen Ländern benutzt man beide Techniken, um größere Farbflächen langsam ineinander übergehen zu lassen und die Abgrenzungen zu verwischen.
- Beide Mustermöglichkeiten lassen sich mit mehreren gleichfarbigen Fäden oder verschiedenfarbigen Fäden weben.
- Interessante Farb- und Materialwirkungen erzielt man, wenn man beim Längsstreifenweben eine Farbe konstant beibehält, die zweite aber wechselt (Bild 54).

Schußikat

Bei der als Ikat bekannten Färbetechnik schützt man Teile des Webmaterials durch Umwickeln oder Abbinden vor der Farbe. Färbt man das Kettgarn, hat man einen Kettikat, beim Schußikat wird das Schußgarn, beim Doppelikat werden beide, Kette und Schuß, eingefärbt. Für das Teppichweben kommen nur Kett- und Schußikat in Frage.

Der Färbevorgang beim Schußikat

Geeignet sind Baumwollgarne (Riesenbaumwolle) und nicht zu dicke Wollzwirne (Haargarn, Ryagarn).
Damit das Schußgarn bei heißen Färbungen nicht einläuft, wäscht man es vor dem Färben bei der Färbetemperatur und läßt es wieder abkühlen. Wolle darf nicht mit Waschmittel erhitzt werden und tierische Fasern müssen sehr langsam erhitzt werden.
Das Schußgarn wird zum Färben auf Stränge gewickelt.
Freie Ikatmuster entstehen, wenn man die Stränge, ohne sie auf die Webbreite abzustimmen, an unterschiedlichen Stellen mit einem Überhandknoten abknotet oder abbindet und dann färbt (Bild 58 a). Durch das Abknoten verlaufen die Farbgrenzen unterschiedlicher und es entstehen Farbabstufungen größerer und geringerer Intensität.

Bild 56: Schußikat: Muster genau auf die Gewebebreite abgestimmt

Bild 57: Schußikat: Schußmaterialstrang geringfügig breiter als die Webbreite

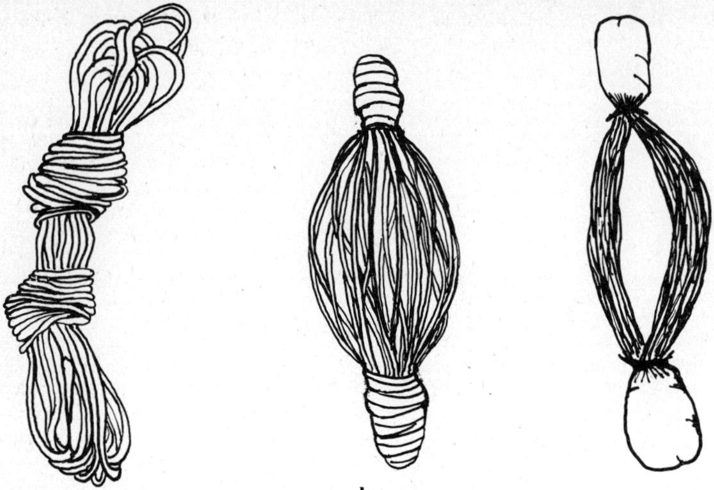

a b c

Bild 58: Abbindemöglichkeiten beim Ikat
a) Überhandknoten, b) Umwickeln, c) Abbinden mit einer Plastiktüte

Bei einem exakten Muster müssen die Stränge genau die Länge haben, die man für einen Schuß braucht: Nur so liegen im Gewebe die gefärbten Teile an den richtigen Stellen.
Da beim Ripsweben mehr Schußgarn in die Kette geschlagen wird, als das Gewebe breit ist, webt man mehrere Schüsse in die fertig gespannte Kette, markiert die Webkante mit einem Filzstift und webt dann wieder zurück. Die Filzstiftzeichen geben jeweils die Strangbreite an, die man wickeln muß.
Zum Herstellen der Stränge windet man das Garn entweder um einen auf Maß geschnittenen Karton oder um Schärklammern, die man an einen Tisch schraubt. Die Schärklammern dürfen sich nicht verziehen und die einzelnen Stränge nicht zu dick werden. Eine Wickelrunde entspricht der Länge von zwei Schüssen. Die Gesamtschußzahl läßt sich nach der auf Seite 30 vorgestellten Rechnung (Anzahl der Schüsse pro cm × Gewebelänge) bestimmen. Als Reserve gibt man 10% zu. An den Schärklammern oder am Kartonanfang und -ende bindet man die fertigen Stränge in Achterbögen lose ab.
Die Stellen, die keine Farbe annehmen sollen, schützt man durch Umwickeln. Dazu eignet sich eine Baumwollschnur oder auch Kunstbast.

Am besten markiert man am noch gespannten Strang Anfang und Ende der „Reservierungszonen“ mit einem Faden; die Schußfäden sind hier noch gut geordnet. Man muß sehr fest binden, damit sich die Markierungen nicht beim Abnehmen des Strangs vom Maß verschieben. Das Umwickeln mit Schnur entspricht dem auf Seite 140 dargestellten Gimpen: Man führt die Wickelfäden dicht nebeneinander um den Strang (Bild 58b). Vereinfachen läßt sich die Reservierung, wenn man Plastiktüten oder -schläuche fest um die nicht zu färbenden Stellen bindet (Bild 58c).
Zum genauen Anbringen der „Wickelzonen“ fertigt man ein Pappmaß an, das man zur Markierung an die Stränge hält. Die auftretenden Unregelmäßigkeiten machen den Reiz dieser Technik aus.
Will man den gleichen Strang mit mehreren Farben färben, beginnt man mit der hellsten und endet mit der dunkelsten. Die erste Färbung kann auch ohne Reservierung als Grundierung erfolgen. Nach jeder Färbung muß der Strang erst trocknen, bevor man die Abbindung ergänzt oder abnimmt. Stränge dürfen nicht in der Waschmaschine gefärbt werden.

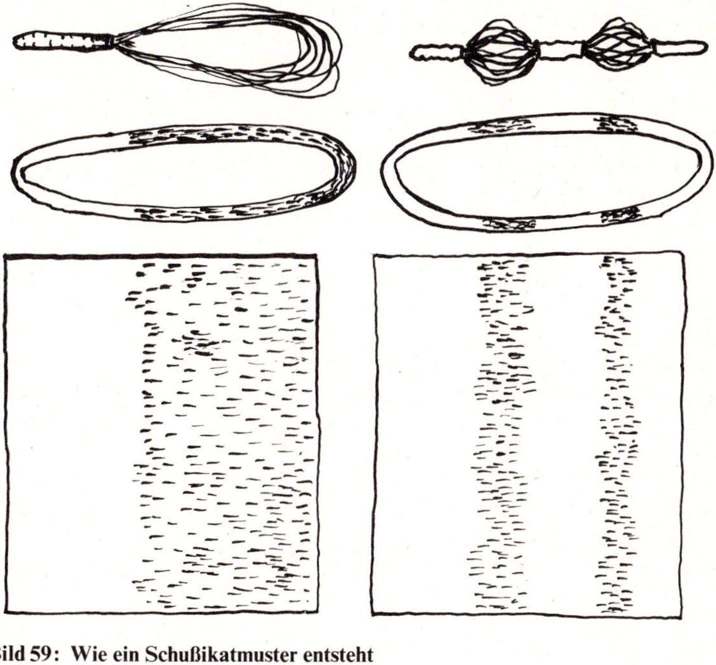

Bild 59: Wie ein Schußikatmuster entsteht

Beim Weben ordnet man den ersten Schuß dem Muster entsprechend in das Fach. Die nächsten Schüsse sollten dann automatisch richtig liegen. Geringe Verschiebungen gehören zur Ikattechnik. Läuft das Muster doch einmal zu sehr aus der Reihe, kann man den Schußfaden abschneiden und neu ansetzen oder die Randkettfäden einmal umschlingen und so den Schuß verkürzen, falls die Abweichung nicht so groß ist.

Anregungen zum Gestalten von Schußikatgeweben

- Ohne Planung abgeknotete und gefärbte Garne lassen sich mit einfarbigen Materialien kombinieren, indem man sie nacheinander oder miteinander verwebt.
- Das gleiche gilt für Fäden, die mit unterschiedlichen Farben oder verschiedenen Tönen einer Farbe eingefärbt wurden.
- Muster entstehen durch „Zusammensetzen" unterschiedlich abgebundener Stränge.
- Ikatgefärbte Garne lassen sich nach der auf Seite 81 ff. beschriebenen Methode in waagrechten und senkrechten Streifen verarbeiten.
- Geplante Farbpartien, kombiniert mit Zufallsfärbungen, ermöglichen die Verwirklichung von Entwürfen zum Thema „Ordnung und Unordnung".
- Verwendet man das Schußgarn doppelt oder mehrfach, kann jeder Einzelfaden in unterschiedlichen Tönen eingefärbt oder verschieden abgebunden sein.
- Weitere Möglichkeiten ergeben sich, wenn man die Strangbreite etwas kleiner oder größer (2 bis 3 cm) wählt, als es die genaue Webbreite erfordern würde. Beim Weben verschieben sich die eingefärbten Partien mit jedem Schuß. Dabei entstehen Muster mit diagonalen Linien, rautenähnlichen Zonen einer Farbe oder Farbmischungen (Bild 57).

Bild 60: Studie in Schlitzwirkerei

Wirktechniken zum Darstellen geometrischer und organischer Formen

Bei allen Streifenmustern läuft der Schuß von Webkante zu Webkante. Wünscht man eine differenziertere Flächenaufteilung, benötigt man zwei oder mehr verschiedenfarbige Fäden für einen Schuß (Bild 60). Die Umkehrstellen der einzelnen Farbfäden liegen dabei nicht nur an der Webkante, sondern an verschiedenen Stellen im Gewebe. Die Textilforscher nennen diese Techniken „Wirken“. Als Bindung benutzt man wieder den Schußrips, die Kette bleibt unsichtbar.

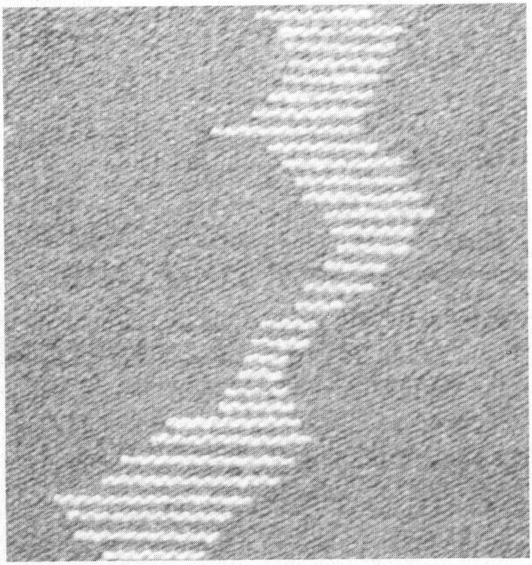

Bild 61: Läufer in Schlitzwirkerei (Andrea Schiele) – Ausschnitt

Läufer in Schlitzwirkerei

(Andrea Schiele)

Einen Eindruck von der Andersartigkeit der Wirkerei gewinnt man beim Arbeiten des folgenden Läufers. Kurze und längere Linien bewegen sich auf einem einfarbigen Grund hin und her.
Maße des fertigen Teppichs: 78 cm breit, 1,70 m lang

Kettmaterial
Hanf Nm 5/2 (2500 m/kg), ca. 150 g

Schußmaterial
Teppichwolle Tibesti (100 m/kg)
Farbnummer: 700/24 3 kg
Farbnummer: 700/25 0,5 kg
Haargarn, dunkelbraun (700 m/kg)

Kettdichte
Webstuhl: zwei Fäden pro cm
Blatt: 40/10; zwei Riet einfädig eingezogen, zwei Riet frei
Nagelrahmen: 1,4 Fäden pro cm
mit einfachem Faden spannen

Bindung
Webstuhl: Rips $\frac{2}{2}$

Nagelrahmen: Rips $\frac{2}{2}$, also zwei Fäden gehoben, zwei gesenkt

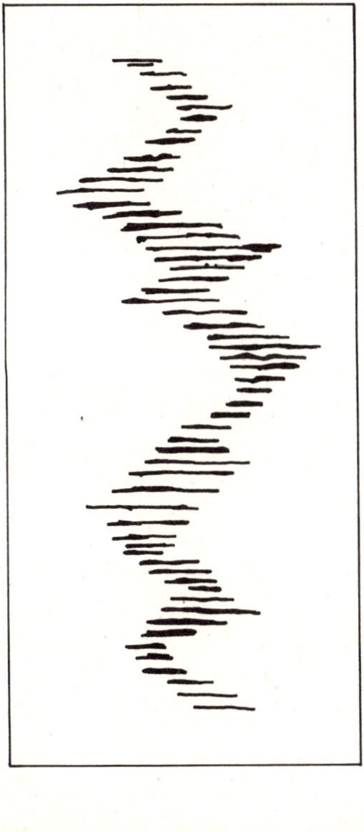

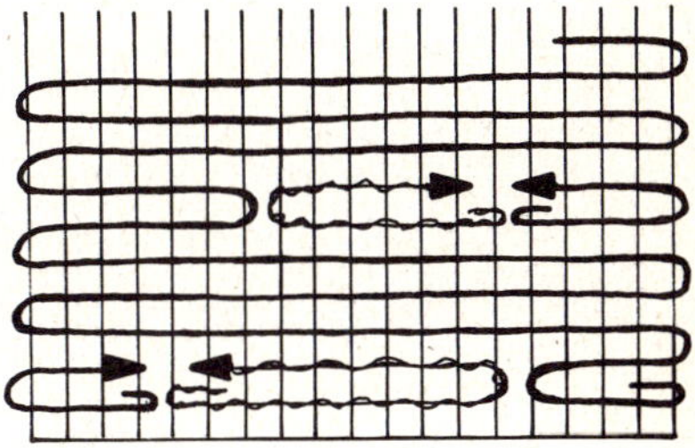

Bild 62: Teppich in Schlitzwirkerei: Linienverteilung und Eintragsrichtung des Schusses

Kettlänge: 2,20 m (bei 60 cm Trumm)
Einstellungsbreite: 80 cm

Weben

Kopfstück: zwei Zwirnbindungen; 2 cm mit R $\frac{2}{2}$ mit Haargarn gewebt

Hauptgewebe: Man beginnt und beendet den Teppich mit jeweils 15 cm einfarbigem Gewebe.
Für die hellen Linien schneidet man das Schußgarn passend ab und webt sie immer mit zwei Schüssen.
Im Musterteil benötigt man zum Einarbeiten der Linien drei Fäden je Schuß, den hellen Faden für das Muster, einen passend zugeschnittenen für die eine Untergrundseite und den durchgehenden Schuß auf einem Schützen für die andere Untergrundseite. Fadenanfang und -ende der kurzen Webfäden versorgt man durch Halbieren und Zurücklegen ins jeweilige Fach.

So wird das Muster gewebt:

- Der Schützen wird von rechts bis zum Linienanfang ins Fach geführt und an dieser Stelle aus dem Fach nach oben geholt.
- Der Linienfaden wird von links über die Linienbreite bis zum eingetragenen rechten Faden eingelegt, das Ende versorgt und der Anfang nach oben geholt.
- Der Schuß für den linken Gewebeteil wird neben der Linie begonnen und nach links durch das restliche Fach geführt.
- Das Fach wird gewechselt, angeschlagen und in entgegengesetzter Richtung weitergewebt (Bild 63).
  Zwischen den Musterschüssen liegen drei bis vier durchgehende Schüsse mit der „Fondfarbe".
  Auch bei dieser Technik legt man den Schuß bogig ein.

Abschluß: Die Kettreste werden zu Fransen abgeknotet (Rollknoten) oder zu Zöpfen geflochten.

Die Schlitzwirkerei (Kelimtechnik)

Bei dem gerade beschriebenen Teppich stehen im Musterteil jeweils drei Farbflächen nebeneinander. An der Stelle, wo die einzelnen Farben um benachbarte Kettfäden wenden, entsteht ein kleines Loch. Bei größeren Farbflächen wird aus dem Loch ein Schlitz, wenn man immer an der gleichen Stelle die Schußfäden wendet (Bild 63 a).
Diese Schlitzwirkerei nennt man auch Kelimtechnik.
Sie läßt sich auf ganz einfachen Webgeräten ausführen, weil eine Fachbildeeinrichtung, vor allem bei komplizierteren Mustern, keine Arbeitserleichterung bringt. Es ist praktisch, das Schußmaterial zu Puscheln (siehe Seite 32) zu wickeln.
Das Entstehen eines Schlitzes ist natürlich für die Gebrauchseigenschaft eines Teppichs nicht von Vorteil. Deshalb sollte man sie möglichst klein halten. Dazu eignen sich folgende Techniken:

- Wechselt man bei jedem Schuß die Umkehrstellen, entstehen je nach Materialdicke nur kleine Löcher (Bild 63 b).
- Beim Wechsel der Umkehrstellen nach mehreren Schüssen läßt sich die Schlitzgröße gut steuern (Bild 63 c).

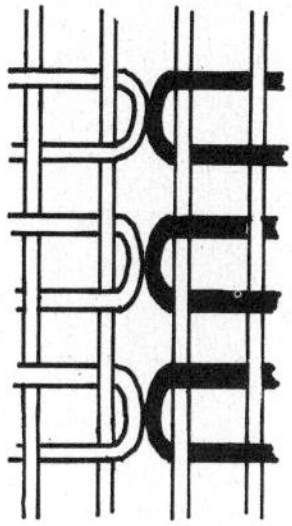

a

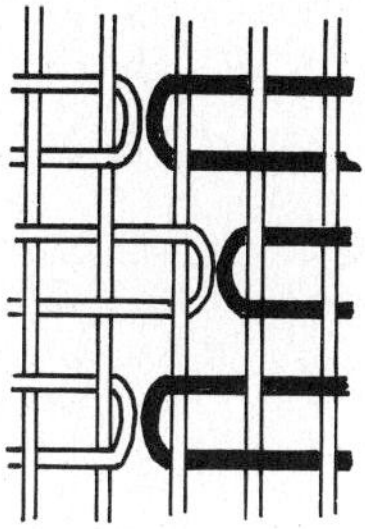

b

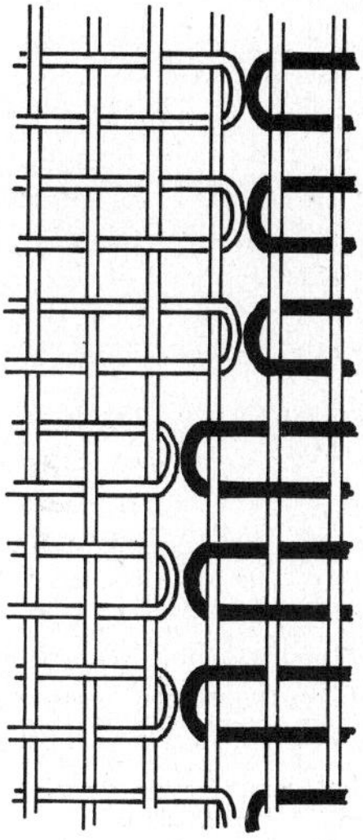

c

Bild 63: Schlitzwirkerei
a) Wie Schlitze entstehen
b) Wechsel der Umkehrstelle bei jeder Wende
c) Wechsel der Umkehrstelle nach mehreren Schüssen

Beide Varianten haben den Nachteil, daß die Trennlinie zwischen den Farbbereichen nicht gerade, sondern gezackt verläuft.
Das beschriebene Ineinandergreifen oder Verzahnen der Farbflächen läßt sich extremer als „Schraffierung" zur Gestaltung „weicherer" Farbübergänge nutzen (Bild 64).

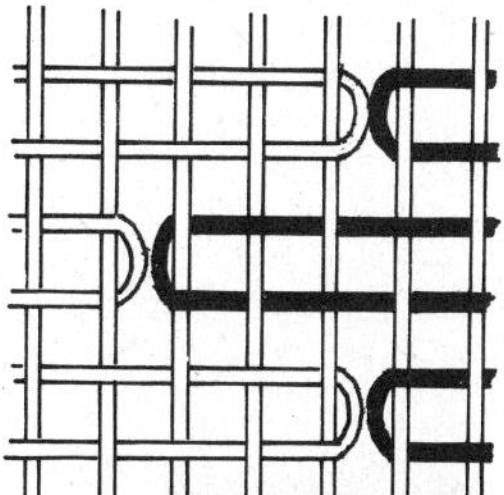

Bild 64: Schlitzwirkerei – Schraffierung

Das Wirken von schrägen und diagonalen Abgrenzungen der Farbflächen ist die eigentliche Stärke der Kelimtechnik. Dabei werden die Farbzonen immer um einen Kettfaden versetzt, je nach dem Winkel der Trennlinie und der Dicke des Schußmaterials bei jeder Wende oder erst nach mehreren Schüssen (Bild 65).

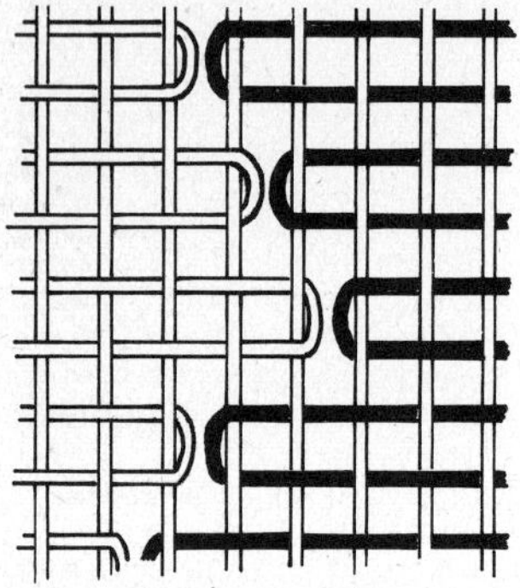

Bild 65: Schlitzwirkerei – Weben schräger Farbabgrenzungen

Das Wirken runder Formen

Da Weben und Wirken auf senkrechten und waagrechten Fadenverkreuzungen aufgebaut sind, ist die Ausarbeitung runder und organischer Formen schwierig. Man muß sie aus der Schrägen ableiten und die Rundung durch unterschiedliches Versetzen, durch unterschiedliche Steigungswinkel des Schusses zu erreichen versuchen (Bild 66).

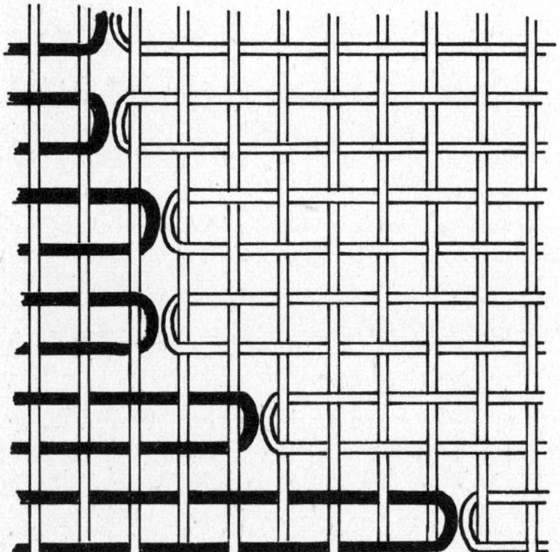

Bild 66: Wirken runder Formen

Das Vermeiden von Schlitzen (Gobelintechniken)

In der Bildwirkerei wurden Techniken entwickelt, mit denen Schlitze zu vermeiden sind, wenn Farbgrenzen über größere Flächen in Kettrichtung verlaufen.

- Je zwei Farben wechseln um den gleichen Kettfaden (verzahnte Wirkerei – Bild 67 a).
- Die Schußfäden werden gegeneinander ins Fach eingetragen und bei jedem Treffen miteinander verschlungen (verhängte Wirkerei). Dabei umschlingt immer der über einen gesenkten Kettfaden gehende Schuß den unter einem gehobenen Kettfaden herkommenden (Bild 67 b).
- Man verschlingt die Schußfäden nur ein über das andere Mal (Bild 67 c).

Beim Verzahnen sind Verdickungen im Gewebe nicht zu vermeiden, deshalb ist das Verschlingen gebräuchlicher. Im allgemeinen entsteht nach der im Bild 67 c abgebildeten Methode die geschmeidigste Verbindung.

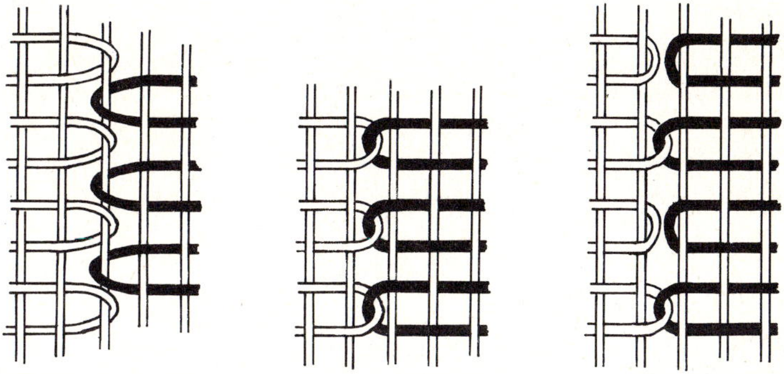

a b c

Bild 67: Vermeiden von Schlitzen
a) verzahnte Wirkerei, b und c) verhängte Wirkerei

Die Webrichtung beim Wirken

Beim Wirken gibt es zwei Möglichkeiten den Schuß einzutragen: Man kann die verschiedenen Schußfäden alle in eine Richtung ins Fach legen, so daß man die Farben immer nacheinander weben kann. Diese Methode läßt sich jedoch nur anwenden, wenn man die einmal festgelegten Farbfelder beibehält. Verschieben sich die Farbflächen oder möchte man Schraffierungen einarbeiten, entstehen beim Einlegen des

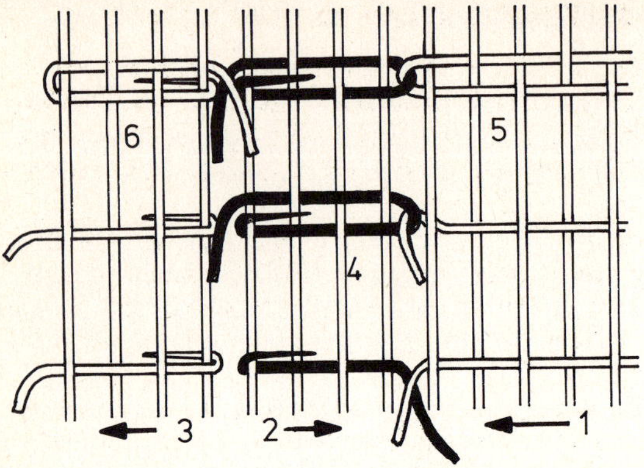

Bild 68: Webschritte und Webrichtung beim Wirken; Technik: verhängte Wirkerei

Schusses „Webfehler“, weil zwei Schußfäden ins gleiche Fach kommen. Bei der anderen Eintragsmethode treten diese Schwierigkeiten nicht auf. Hier laufen immer zwei Schußfäden aufeinander zu. Nach dem Fachwechsel führt man zuerst die Fäden zurück, die einen anderen Schußfaden umschlingen (Bild 68).

Die folgende Schemazeichnung verdeutlicht die Schußfadenführung für ein Muster mit fünf verschiedenen Farbzonen.

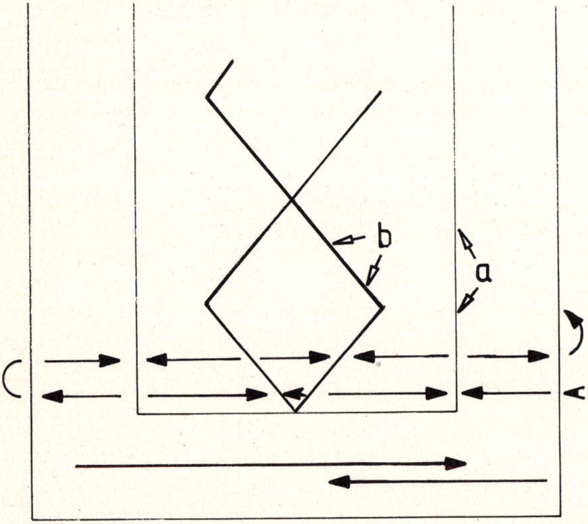

Bild 69: Webrichtung bei einem Muster mit fünf Farbflächen a) Verhängte Wirkerei, b) Schlitzwirkerei

Tips zum Gebrauch der Wirktechniken

Mit den Wirktechniken kann man geometrische Formen darstellen. Viereckige Flächen in Kett- und Schußrichtung muß man wegen der großen geraden Trennlinien in Kettrichtung verhängt ausführen. Da man dabei die Schußfäden miteinander verschlingt, ist es notwendig, alle Formen gleichzeitig nebeneinander zu wirken.
Formen mit Schrägen, wie Dreiecke, Rauten und Parallelogramme, können in bestimmten Arbeitsschritten einzeln fertiggestellt werden. Das erspart das gleichzeitige Hantieren mit vielen Puscheln.

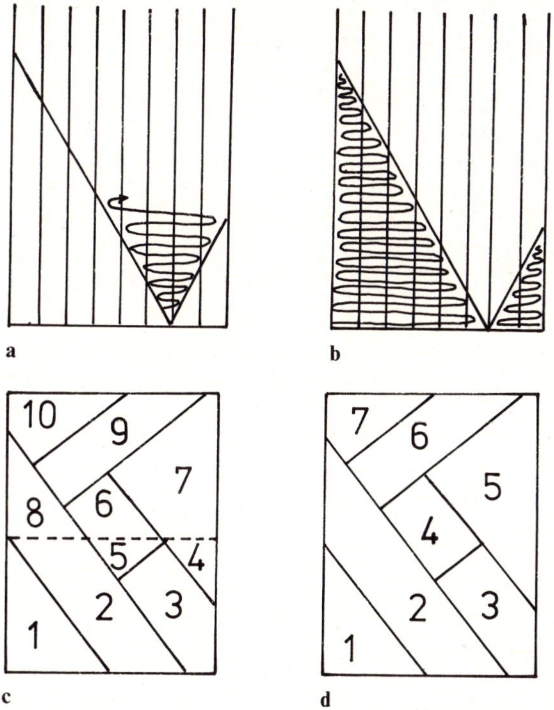

Bild 70: Reihenfolge der Arbeitsschritte beim Wirken schräg verlaufender Flächen am Webstuhl
a) Fach wird blockiert
b) Fach wird nicht blockiert
c) Wirkfolge bei großem Format, wenn Gewebe aufzurollen ist
d) Wirkfolge bei kleinem Format ohne Aufrollen von Gewebe

Beim Weben auf Rahmen, vor allem bei Bildwirkereien, bei der man den Schuß mit der Hand oder einer Nadel einträgt, kann man an unterschiedlichen Stellen beginnen.
Arbeitet man mit dem Webstuhl, darf das Fach für die noch zu bearbeitenden Ketteile nicht blockiert werden.
Wirkt man das auf der Spitze stehende Dreieck zuerst (Bild 70a), so reicht die Grundfläche über die ganze Webbreite und verhindert ein Öffnen des Fachs für die Randteile. Entsteht der Rand zuerst, kann das Dreieck ohne Behinderung eingefügt werden (Bild 70b). Das Vorgehen bei komplexeren Flächenaufteilungen verdeutlichen die Bilder 70c und d. Bei großen Formaten wird die Fläche so in Teilabschnitte zerlegt, die man nacheinander wirkt, daß sich das Gewebe stückweise auf den Warenbaum aufrollen läßt. Außerdem wird die Kettspannung nicht zu einseitig belastet.
Den Schuß schlägt man beim Fertigstellen von Einzelformen am besten mit einem Teppichklopfer oder einer Gobelingabel an. Um bei Wirkteppichen eine ausreichende Stabilität des Gewebes zu bekommen, sollte man extrem dicke Schußmaterialien vermeiden.

Bogige Schußführung

Bei allen bisher beschriebenen Techniken verläuft der Schuß im rechten Winkel zur Kette. Für die Bildwirkerei ist jedoch oft eine weniger strenge und starre Schußführung vorteilhafter. Schon die koptischen Weber führten den Eintrag in Wellenlinien durch die Kette. Viele Textilkünstler verwenden diese Technik, um „Berge“ aufzubauen und „Täler“ zu füllen (Bild 71).

Bild 71: Bogige Schußführung

Eine „schnelle“ Gobelintechnik

Da alle Wirktechniken sehr arbeitsaufwendig sind, ist für das Weben von Bodenteppichen eine Technik aus dem anglo-amerikanischen Raum interessant, mit der sich eine Flächenteilung in Kettrichtung relativ schnell weben läßt. Diese „clasped weft“-Technik eignet sich jedoch nur für zwei Farbzonen nebeneinander, weil sonst Webfehler entstehen. Man webt nur mit einem Schützen, auf den man eine Farbe wickelt, die andere Farbe liegt als Knäuel oder auf einer Schleifspule neben dem Webstuhl.

- Der Schützen wird mit Farbe 1 durch das geöffnete Fach zu der Seite geführt, wo Farbe 2 liegt. Dann wird der Schützen aus dem Fach herausgezogen.
- Die Farbe 2, die vom Knäuel kommt, wird mit dem Schützen umschlungen und das Schiffchen durch das gleiche Fach zurückgeführt. Dabei zieht man Farbe 2 je nach Wunsch ins Fach hinein. Es liegen also von jeder Farbe immer zwei Fäden im gleichen Fach.

Nach dem Fachwechsel wiederholt man die beschriebene Webfolge.

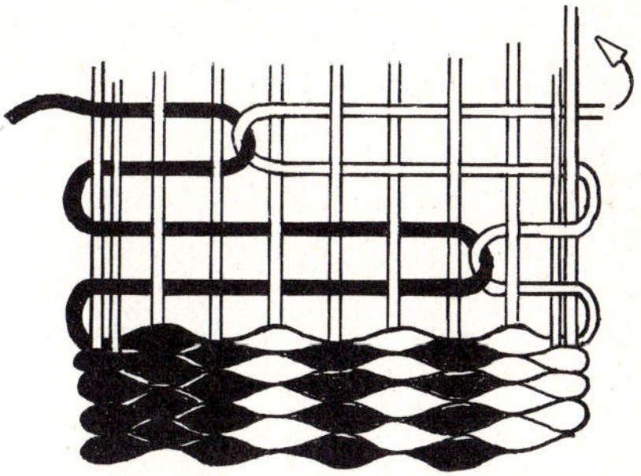

Bild 72: „clasped weft“-Technik

Wichtig ist ein sorgfältiges bogiges Einlegen des Schusses vor dem Anschlagen. An der Stelle, wo sich die Fäden verschlingen, zieht man sie nach beiden Richtungen etwas an, damit hier keine Verdickungen im Gewebe entstehen.
Bei der Materialwahl und beim Festlegen der Kettdichte muß man berücksichtigen, daß immer mit doppeltem Eintragsfaden gewebt wird. Beide Schußgarne sollten die gleiche Stärke haben; gleichmäßige Ausspinnungen eignen sich am besten.
Bei dieser Webtechnik kann man zwischen zwei Felder der reinen Farben eine Mischzone legen, die unterschiedliche Formen annehmen kann. Durch Ineinandergreifen der Farben entstehen dort Längsstreifen (siehe Bild 73).

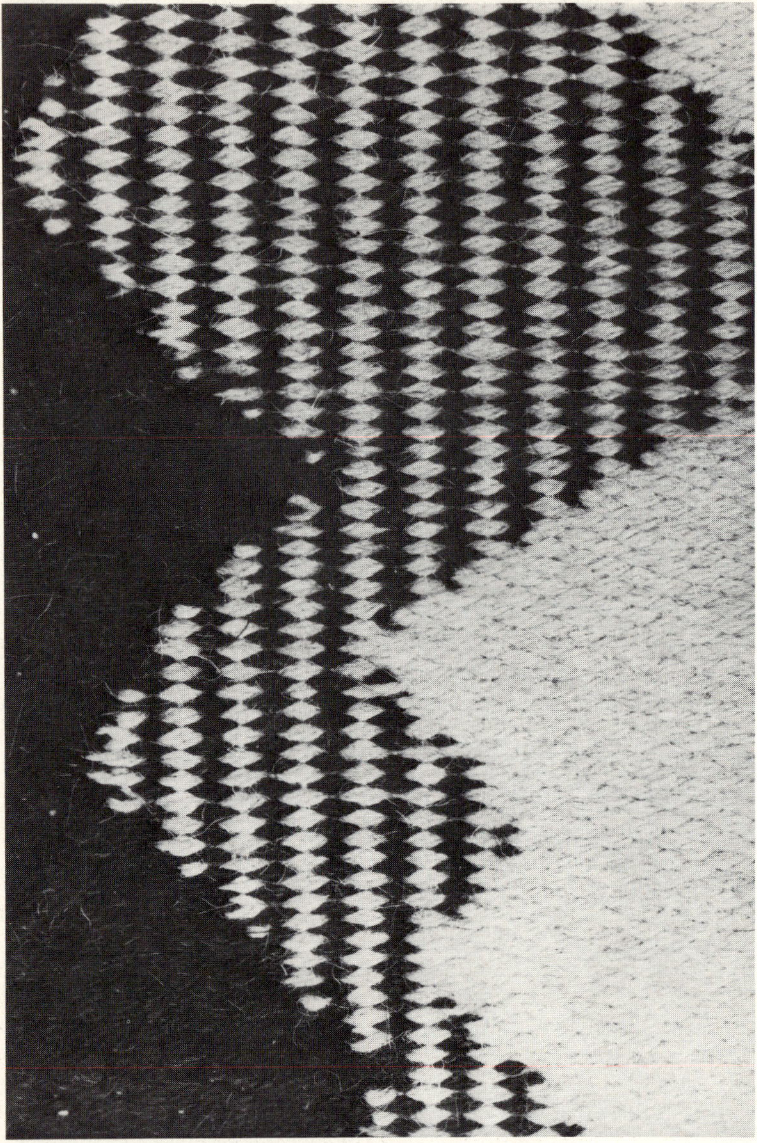

Bild 73: Muster in „clasped weft"-Technik

Diagonales Weben – eine Navajo-Technik

Zum Weben diagonaler Streifen und Zickzackbänder legen die Navajo-Indianer den Schuß nicht waagrecht, sondern diagonal ins Gewebe.

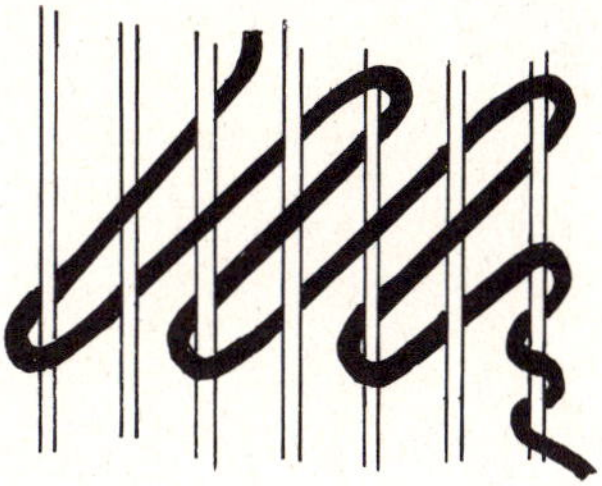

Bild 74: Diagonale Schußfadenführung

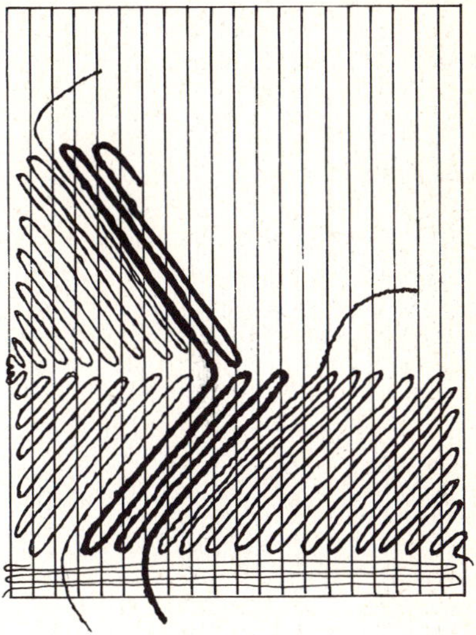

Bild 75: Diagonales Streifenweben

Vergleicht man diese Schußführung mit der Schlitzwirkerei, so fällt auf, daß man wesentlich weniger Schüsse zum Ausfüllen des gleichen Kettbereichs benötigt. Außerdem lassen sich hier die unterschiedlichen Farbbereiche klar voneinander trennen.
Anfang und Ende eines Teppichs haben ein normales Kopfstück, waagrecht in Ripsbindung gewebt.
Die Schußführung für ein diagonales Zickzackmuster ist in Bild 85 abzulesen: Zuerst entsteht ein Dreieck auf der Anfangsseite. Der Schußfaden wird zweimal um den Randkettfaden geschlungen, dann zum Kopfstück hin gewebt und wieder zurück zum Rand. Beim dritten Schuß bezieht man einen Kettfaden mehr ein, beim fünften Schuß den nächsten. Jede Farbe endet auf der dem Kopfstück gegenüberliegenden Seite. Dort kann der Faden bei der Rückrunde wieder aufgenommen werden. Zum Anschlagen benutzt man den Teppichklopfer. Das Ende einer Gewebereihe bildet wieder ein Dreieck.
Beim Übergang zum Anfangsdreieck des zweiten Gewebeabschnitts werden die Randkettfäden mehrmals umschlungen und dann die Diagonalen entgegengesetzt zum ersten Streifen gewebt.

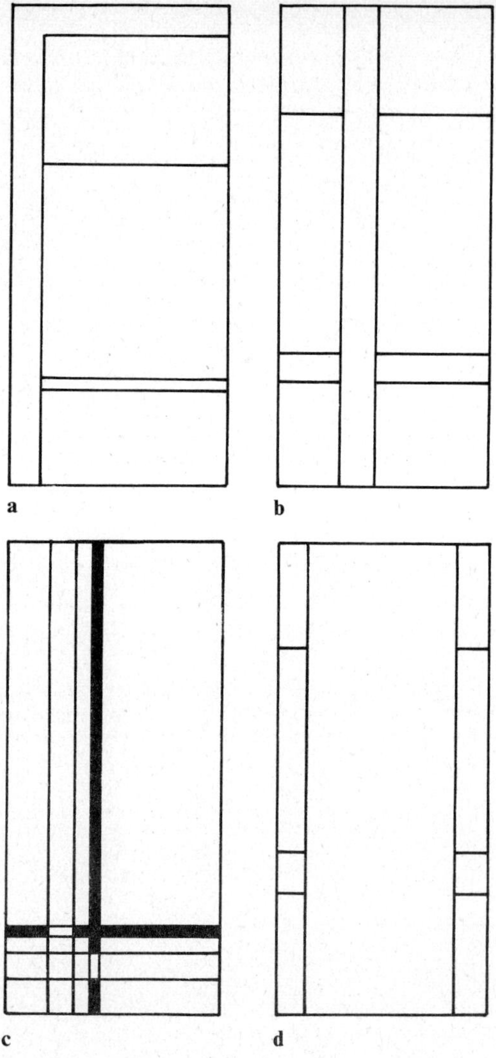

Bild 76: Kombinationsmöglichkeiten von senkrechten und waagrechten Streifen

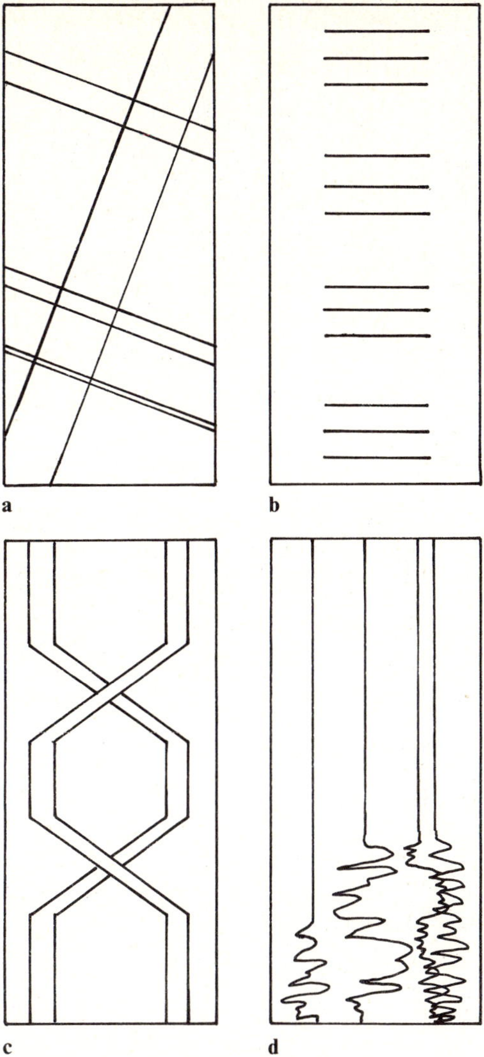

Bild 77: Abwandlungen des Streifenverlaufs
a) Übertragen eines Streifenentwurfs auf die Diagonale
b) Unterbrochene Streifen
c) Überkreuzen von Streifen
d) Streifenführung nach dem Motto „Ordnung“ und „Unordnung“

Typisch für diagonal gewebte Stücke sind die „ausgebeulten" Webkanten. Sie entstehen durch das Bestreben der Kette, den Schuß im rechten Winkel zu durchlaufen. Je nach Richtung der Diagonalen werden die Kettfäden entweder nach rechts oder nach links gedrückt.

Wirktechniken – Spezialisten für geometrische und organische Formen

Mit den Wirktechniken können fast alle Formen in eine textile Fläche umgesetzt werden. Je feiner das Schußmaterial ist, um so differenziertere Muster sind möglich. Damit steigt natürlich der Arbeitsaufwand erheblich. Deshalb verwendet man die Wirktechniken vorwiegend in der Tapisserieherstellung, zumal hier auch kleine Formate möglich sind. Beim Wirken von Bodenteppichen sollte man sich auf einfache Flächenaufteilungen beschränken, die mit grobem Schußgarn und einem vertretbaren Arbeitsaufwand zu verwirklichen sind.
Die einfachsten Entwürfe lassen sich auch hier aus Streifenentwürfen ableiten. Die strengen Abgrenzungen zwischen den Farbflächen lassen sich durch Bögen, Ecken oder Zacken auflockern. Die Studie auf Seite 91 ist ein Beispiel für ein gezacktes Ineinandergreifen der Streifen. Man kann jetzt auch Streifen in Kettrichtung arbeiten. Aus der Kombination von waagrechten und senkrechten Streifen ergeben sich zahlreiche Entwurfsideen (Bild 76).
Entwickelt man die angegebenen Flächenaufteilungen weiter, so lassen sich die auf Seite 81 dargestellten Kleinmuster zur Gestaltung größerer Mittel- oder Seitenteile nutzen (Bild 76).

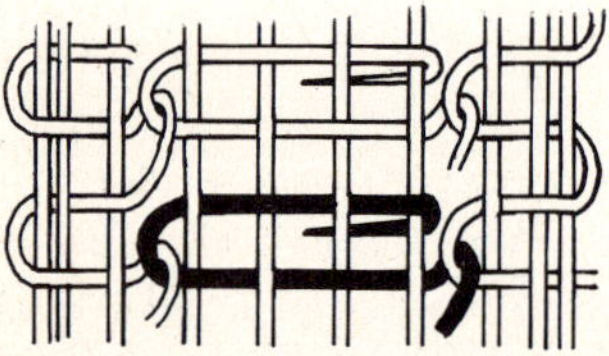

Bild 78: Verhängte Wirkerei in Verbindung mit Querstreifen aus je zwei Schüssen

Interessante Abwandlungen eröffnen sich, wenn man Streifenentwürfe in die Diagonale überträgt. Soll der Farbeindruck des Gewebes mit dem des gewickelten oder gezeichneten Entwurfs übereinstimmen, muß man die Streifenfolge genau von einer Ecke zur gegenüberliegenden auflegen und von da aus auf die Fläche übertragen (Bild 77 a).

Bild 79: Teppichentwurf mit Streifen von Marian Peppler (nach Bennett, Teppiche der Welt), bei dem durchgehende und abgebrochene Streifen mit einem Farbwechsel im Fond verbunden wurden

Auch der Streifenverlauf selbst läßt sich variabler gestalten: Streifen müssen nicht mehr über die ganze Fläche reichen (Bild 77b), sondern können die Richtung ändern und sich verkreuzen (Bild 77c), Ordnung läßt sich in Unordnung auflösen (Bild 77d).
Man kann auch mehrere Streifenkompositionen zusammensetzen, die mit Hilfe der Wirktechniken in einem Stück zu verwirklichen sind, wenn der Webstuhl groß genug ist. Einfacher ist es, wenn man einzelne Streifen webt, die man später zusammennäht.
Streifen müssen jetzt nicht immer aus einfarbigen Farbflächen bestehen, sondern können auch aus geometrischen Formen gebildet werden, die sich von einem einfarbigen Grund abheben (Bild 82).

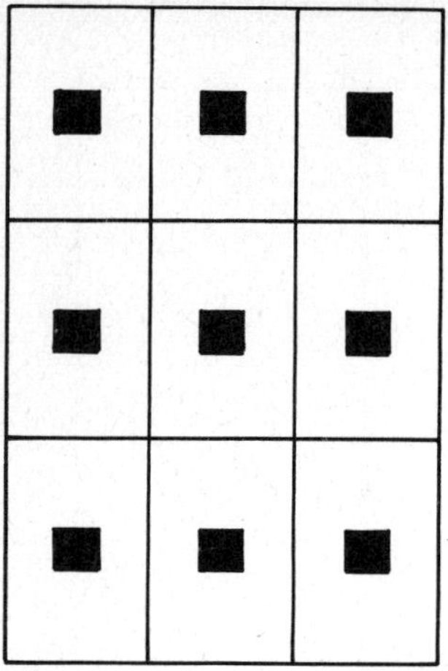

a

b

c

d

Bild 80: Regelmäßige Flächenaufteilung mit geometrischen Formen
a) Aufteilung mit Vierecken
b) Untergliederung von Vierecken im Positiv-Negativverfahren
c) Aufteilung mit Dreiecken, aus dem Quadrat entwickelt
d) „Gestörte Ordnung“

Bild 81: Flächenaufteilung mit Feld und Borten
a) ungemusterte Farbflächen
b) gemustertes Feld, einfarbige Borte
c) ungemustertes Feld, gemusterte Borte
d) „Störung“ einer regelmäßigen Aufteilung

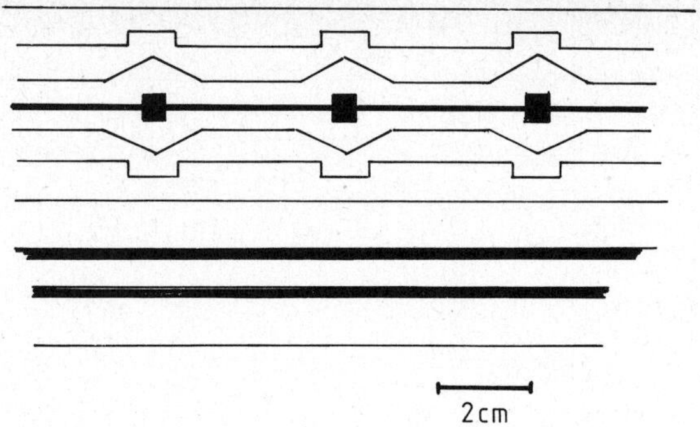

Bild 82: Streifen mit geometrischen Formen aus einer Navajo-Decke

Vor allem Vierecke, aber auch gleichseitige und gleichschenklige Dreiecke und Sechsecke eignen sich, eine Fläche ohne Reststücke aufzuteilen (Bild 80a und c). Patchworkarbeiten zeigen, wie man die Gleichförmigkeit regelmäßiger Flächenaufteilungen aufheben kann: Durch die Verwendung unterschiedlicher Farben für die einzelnen Teilstücke schafft man neue Ordnungen oder setzt Schwerpunkte.

Eine andere Möglichkeit ist das Positiv-Negativverfahren, wo man mit Hilfe von Hell-Dunkel-Effekten gleiche Flächen unterschiedlich aufteilen kann (Bild 80b). Zum Entwerfen benutzt man dunkles Papier, aus dem man Formen ausschneidet, sie um eine gedachte Achse herausklappt und beide, ausgeschnittenes Teil und Restform, auf helles Papier klebt.

Mehr Spannung bekommen regelmäßige Flächengliederungen auch, wenn man die regelmäßige Aufteilung nicht zu Ende führt und leere Stellen läßt (Bild 80d) oder die Ordnung durch eine andere Unregelmäßigkeit unterbricht.

Eine Verbindung von Streifen- mit Flächenaufteilungen stellen Kompositionen dar, bei denen ein „Feld" in der Mitte von Streifen oder Borten umgeben wird. Dabei gibt es gemusterte Mittelfelder mit gemusterten Borten, gemusterte Mittelfelder mit einfarbigen Borten (Bild 81b), seltener ein einfarbiges Feld mit gemusterter Borte (Bild 81c). Moderne europäische Teppichgewebe bevorzugen die Kombination ungemusterter farbiger Flächen (Bild 81a). Auch hier bekommen regelmäßige Aufteilungen durch entsprechende Farbgebung oder durch „Stören der Ordnung" (Bild 81d) mehr Spannung.

Flickenteppich mit Rautenmuster

(Susanne Hoffmann)

Um alle Wirktechniken auszuprobieren, eignet sich die hier beschriebene kleine Matte. Die Flächenaufteilung kann ohne Schwierigkeiten vergrößert werden. Wem das Weben mit zwei Wirktechniken zu kompliziert ist, der kann den vereinfachten Entwurf (Bild 84) in Schlitzwirkerei ausführen.
Am schönsten kommen die Formen zur Geltung, wenn man einfarbige, ungemusterte Stoffstreifen verarbeitet, die man mit Textilfarben der Serie Deka-L eingefärbt hat. Für ein größeres, aufwendigeres Modell sollten die Farben eine noch bessere Lichtechtheit haben.
Maße des fertigen Stücks: 50 cm breit, 75 cm lang

Kettmaterial
Baumwollzwirn Ne 5/4 (2000 m/kg)

Schußmaterial
Stoffstreifen ca. 150 bis 180 m, etwa 2,5 cm breit (je nach Starrheit des Stoffs variiert die Streifenbreite. Man probiert erst einige Schüsse aus, ehe man alle Stoffe in Streifen reißt. Die blauen Streifen werden sehr schmal, ca. 0,75 cm, gerissen.)
Verwendete Farben: Deka-L
Nr. 91/L Kupfer für Rauten (Stoff für ca. 40 bis 50 m Streifen)
Nr. 94/L Rehbraun für Rautenuntergrund (ca. 45 bis 60 m Stoffstreifen)
Nr. 97/L Dunkelbraun für Rand (ca. 60 bis 70 m Stoffstreifen)
Nr. 82/L Dunkelblau (ca. 10 m)

Kettdichte
Webstuhl: drei Fäden pro cm
Blatt: 30/10, Randfäden doppelt
Nagelrahmen: 1,4 Fäden pro cm mit doppeltem Faden spannen

Bindung
Webstuhl: Rips $\frac{2}{2}$

Nagelrahmen: Rips $\frac{2}{2}$, ein Doppelfaden gehoben, ein Doppelfaden gesenkt

Einstellungsbreite
52 cm

Kettlänge
145 cm (60 cm Trumm) für Webstuhl

Seite 111
Bild 83: Flickenteppich mit Rauten

Weben
Kopfstück: eine Zwirnbindung; 1 cm Rips wird mit Hanf (2500 m/kg) oder farblich passendem Baumwollgarn gewebt
Hauptgewebe: Die Skizze zeigt die Flächenaufteilung mit den Maßen in cm und einen vereinfachten Entwurf.

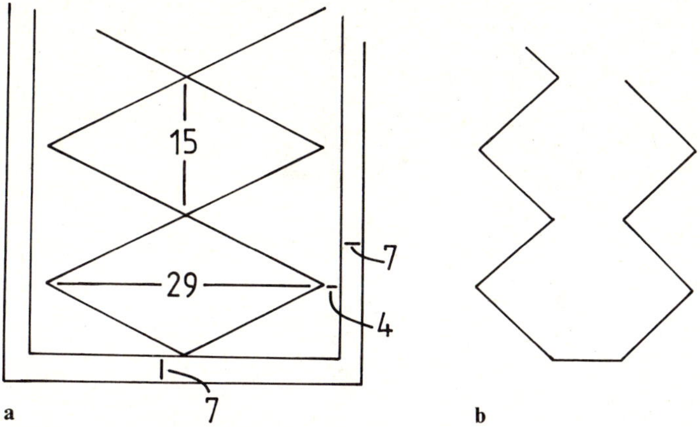

Bild 84: Flächenaufteilung
a) Rautenteppich, b) vereinfachte Flächenaufteilung

Zum Weben der Rauten benutzt man die Schlitzwirkerei. Man beginnt mit einem Kettfaden und umwirkt an jeder Seite jeweils einen Kettfaden dazu. Die Höhe der Rauten kann schwanken, je nachdem wie fest angeschlagen wird. Borte und Feld werden ein über das andere Mal verschlungen (siehe Bild 67 c, Seite 97). Diese Flächenaufteilung muß im Rautenteil mit fünf Puscheln gleichzeitig gewebt werden. Die Richtung, in der der Schuß einzulegen ist, kann man in Bild 69 auf Seite 98 ablesen. Für den einfacheren Entwurf reichen drei Puschel. Der Fond, auf dem die Rauten liegen, wird durch das zusätzliche Einlegen kurzer blauer Stücke zum Schuß belebt.
Anregungen für eine andere Farbgebung:
Die Brauntöne kann man durch andere Farben ersetzen. Wer sich die Kombination mehrerer Farben nicht zutraut (z. B. moosgrüne Rauten auf mittelblauem Feld mit dunkelblauer Borte, oder für die einfache Form: dunkelblaue Außenteile mit einem Mittelfeld in Rosatönen) kann eine Farbe und Grau- oder Brauntöne verwenden: Blau mit Braun, Rot oder Gelb mit Grau.

Abschluß: Bei dieser Matte werden die weißen Fransen mit einem halben Damaskusknoten zurückgeflochten und dann ins Gewebe gestopft (siehe Seite 138). Man kann zusätzlich mit der Nähmaschine genau vor dem Anfang und nach dem Ende des Hauptgewebes eine gerade Naht in passender Farbe nähen, um ein Herausrutschen der verstopften Kettfäden ganz sicher zu vermeiden.

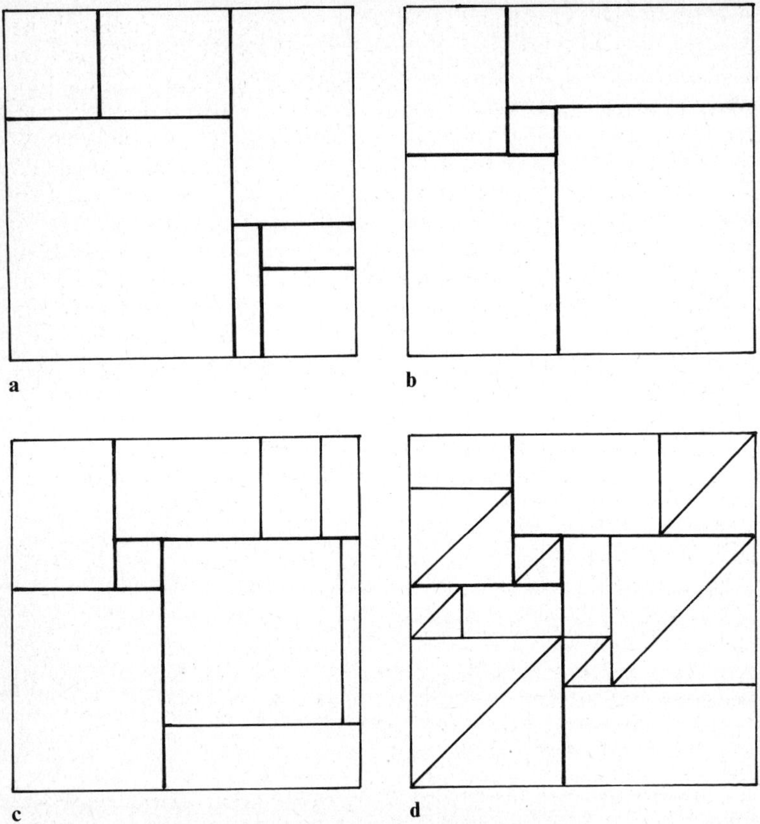

Bild 85: Anregungen zur freien Flächenaufteilung mit Vierecken
a) ausgehend von zwei ungleichen Teilen der Grundfläche
b und c) ausgehend von einem Quadrat auf der Fläche
d) Weiterentwicklung durch Aufteilung der Quadrate in Dreiecke

Freiere Flächenaufteilungen leben vom Zusammenspiel großer und kleiner, stehender und liegender Formen. Das Experimentieren mit Vierecken führt zu den lohnendsten Ergebnissen, dagegen sind Dreiecke wegen der verschieden geneigten Schrägen schwer zu „bändigen“. Bei allen Entwürfen flächig aufgeteilter Bodenteppiche vermeidet man perspektivische Eindrücke, weil sie irritierend wirken können.
Am einfachsten ist es, ein Quadrat in zwei ungleiche Teile zu teilen und

diese wieder zu untergliedern (Bild 85 a). Um die lange Teilungsgerade zu vermeiden, setzt man ein Viereck, in Bild 85 b bis d ein Quadrat, **in** die Fläche, nicht in die Mitte und nicht ganz an den Rand. Durch Verlängern der Seiten, windmühlenartig jede in eine andere Richtung, erhält man eine erste Unterteilung der Grundfläche in sehr unterschiedliche Vierecke (Bild 85 b), die sich dann immer weiter aufteilen lassen. Man kann auch vom Parallelogramm (siehe Seite 119) oder Rechteck ausgehen und dann verschiedene Farbgebungen versuchen.
Bei Aufteilungen von Vierecken durch waagrechte und senkrechte Trennungen entstehen immer nur wieder Vierecke, durch diagonale Abgrenzungen bilden sich auch andere Formen. In Bild 85 d sind auf diese Weise Rechtecke mit Dreiecken kombiniert. Da alle Dreiecke aus Quadraten entstehen, verlaufen die Schrägen immer im gleichen Winkel und alle in die gleiche Richtung. Die Komposition wird dadurch nicht zu verwirrend.
Man kann aber auch Einzelformen **auf** eine Fläche setzen. Dabei ist es nicht ganz einfach, eine gute Anordnung zu finden. Zum Entwerfen schneidet man die Formen in Originalgröße aus Papier aus und ordnet sie dann in unterschiedlicher Weise auf der gewählten Grundfläche an, bis man die beste Möglichkeit gefunden hat. Anregungen zu Kompositionen dieser Art geben Bilder von P. Mondrian und W. Kandinsky.
Es gibt jedoch auch Flächenaufteilungen, bei denen die Abgrenzungen bogig, unregelmäßig und ungenau verlaufen. Diese organischen Formen eignen sich ebenfalls als Gestaltungselemente für Teppiche. Anregungen liefern Naturaufnahmen, mikroskopische Aufnahmen, Luftbilder und Collagen aus dem Bereich der Kunst.

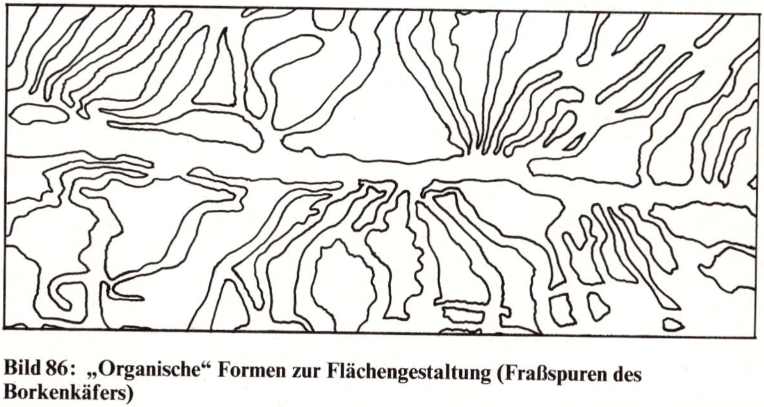

Bild 86: „Organische" Formen zur Flächengestaltung (Fraßspuren des Borkenkäfers)

Sumak –
Schlingtechnik für plastische Strukturen

Der Name Sumak soll sich von der kaukasischen Stadt Shemakha ableiten. Die Sumakschlinge gehört zwar neben den Wirktechniken und dem Knüpfen zu den klassischen Teppichtechniken, ist aber bei weitem nicht so verbreitet.

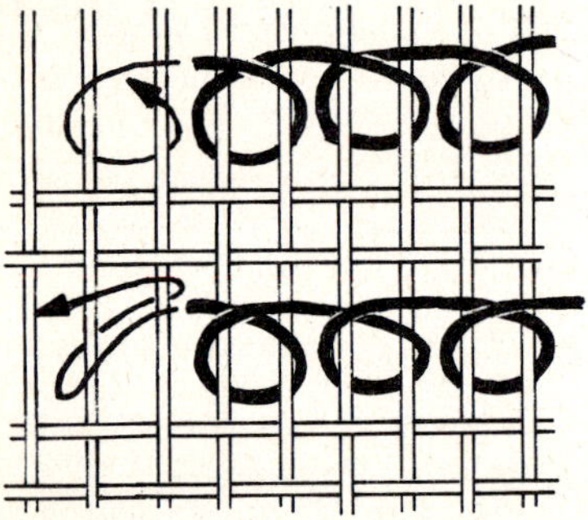

Bild 87: Sumakschlinge mit den zwei möglichen Wickelrichtungen

Beim Sumak handelt es sich um eine Schlingtechnik, bei der die Kettfäden umwickelt werden. Es wird kein Fach benötigt.

Meistens wird der Schlingfaden über vier Kettfäden hin und unter zwei Kettfäden zurückgeführt. Dabei entstehen auf der Oberseite des Stoffes schräge „Stiche", die an den Stielstich erinnern. Die kürzeren Umschlingungen auf der Unterseite ergeben ein anderes Oberflächenbild, das man natürlich auch zur Gestaltung auf der Gewebevorderseite einsetzen kann, wenn man den längeren „Stich" unter den Kettfäden herführt (Bild 88c und d). Umschlingt man einige Kettfäden zweimal (überholend), erhält man eine besonders plastische Struktur (Bild 88e und f). Im Gegensatz dazu ist es möglich, Kettfäden nicht zu umwickeln (Bild 88g). Letztere Technik ist aber nur in der Tapisseriewirkerei anwendbar.

Auch die Zahl der umwickelten Kettfäden ist variabel: z. B. über zwei unter einem, über sechs unter vier. Hierbei richtet man sich nach der Materialstärke des Wickelfadens und nach der gewünschten Struktur.

Wie Bild 88 zeigt, kann man die Oberflächenstrukturen auch durch die Richtung, in der der Faden um die Kette geführt wird, abwandeln (zum Weber hin ↘ oder vom Weber weg ↗, Seite 117).

Sumak läßt sich in Reihen – von Webkante zu Webkante – oder in Flächen, wie Wirkereien, oder auch in Kombination mit Rips arbeiten.

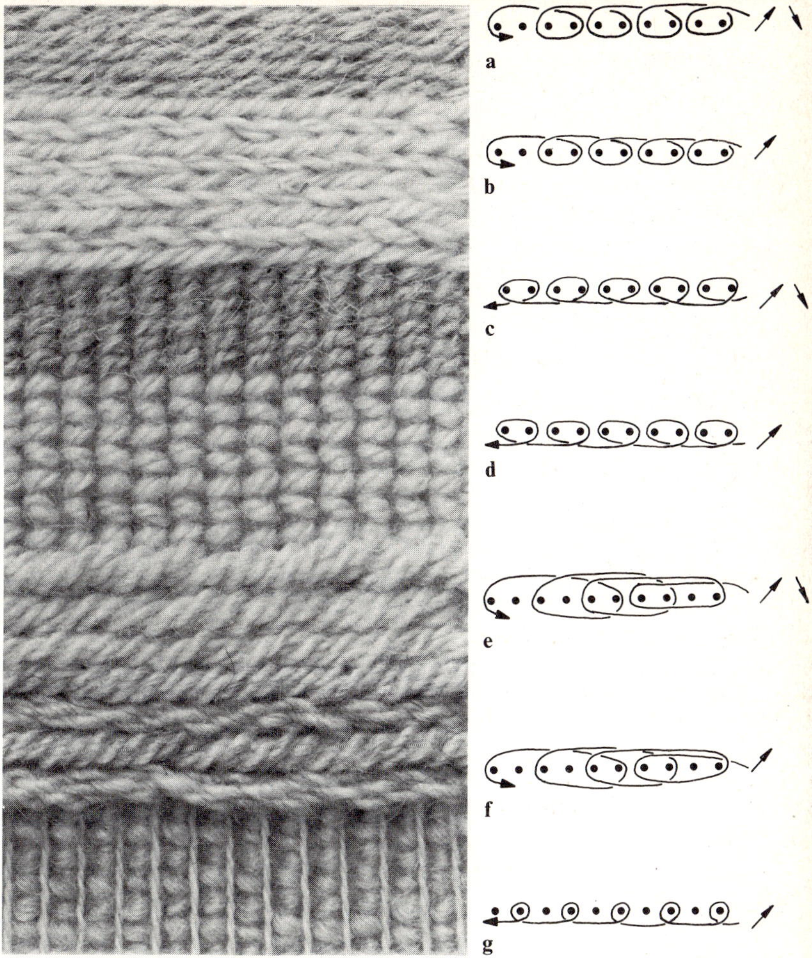

Bild 88: Oberflächenstrukturen mit Sumak
a und b) großer Stich oben
c und d) kleiner Stich oben
e und f) überholendes Umwickeln
g) Auslassen von Kettfäden

An der Webkante oder an der Umkehrstelle muß der Schlingfaden mehrmals um den letzten Kettfaden gewickelt werden, um eine feste Kante zu bekommen und um die neue Reihenhöhe zu erreichen.
Gegenüber Ripsgeweben zieht Sumak die Webkante ein. Man kann dies etwas ausgleichen, wenn man zwischen jede Sumakreihe einen oder zwei Schuß (je nach Dicke des Wickelfadens) in Leinwandbindung oder Scheinrips setzt (Bild 89 a). Dieses Verfahren empfiehlt sich auch bei Bodenteppichen, um größere Flächen in Sumak zu stabilisieren. Ebenso webt man senkrecht aneinander stoßende Sumak- oder Rips-Sumakflächen am einfachsten mit Zwischenschuß (Bild 89 b). Zum Füllen einer bestimmten Fläche benötigt man mehr Ripsschüsse als Sumakreihen. Einzelne Linien arbeitet man wie in Bild 89 c.
Bei kleineren Tapisserien mit nicht sehr großen Sumakflächen ist ein Zwischenschuß nicht unbedingt notwendig, vor allem wenn die Trennungslinien der Farbflächen nicht senkrecht in Kettrichtung verlaufen.
Mit Sumak kann man eine Oberfläche plastisch strukturieren. Viele moderne Textilkünstler, z. B. E. Deubner und M. Abakanowicz, arbeiten mit diesem Gestaltungsmittel.

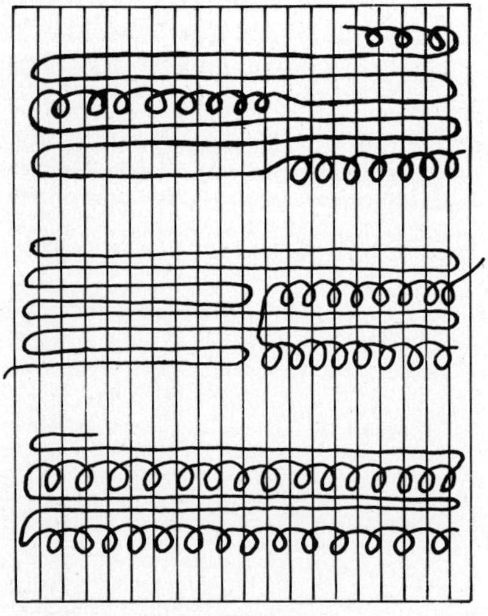

Bild 89: Verarbeitungsmöglichkeiten von Sumak
a) Sumak mit Zwischenschuß
b) Sumak mit Zwischenschuß in Kombination mit Ripsgewebe
c) Sumak als Linie (eine Reihe) auf einem Ripsgrund

**Bild 90: Studie in Sumak –
Flächengliederung ausgehend vom Parallelogramm**

Teppich mit Sumaklinien

(Martina Reichert)

Maße des fertigen Teppichs: 71 cm breit, 125 cm lang

Kettmaterial
Ryawolle Nm 3/2 ca. 200 m

Schußmaterial
Berbergarn (Dochtwolle) HWG 180 m/kg; Verbrauch ca. 2,8 kg

Kettdichte
Webstuhl: 1,5 Fäden pro cm
Blatt: 30/10, jedes zweite Riet eingezogen
Nagelrahmen: 1,4 Fäden pro cm einfädig spannen

Bindung
Webstuhl: Leinwandbindung als Scheinrips
Nagelrahmen: Leinwandbindung als Scheinrips, ein Kettfaden gehoben, ein Kettfaden gesenkt

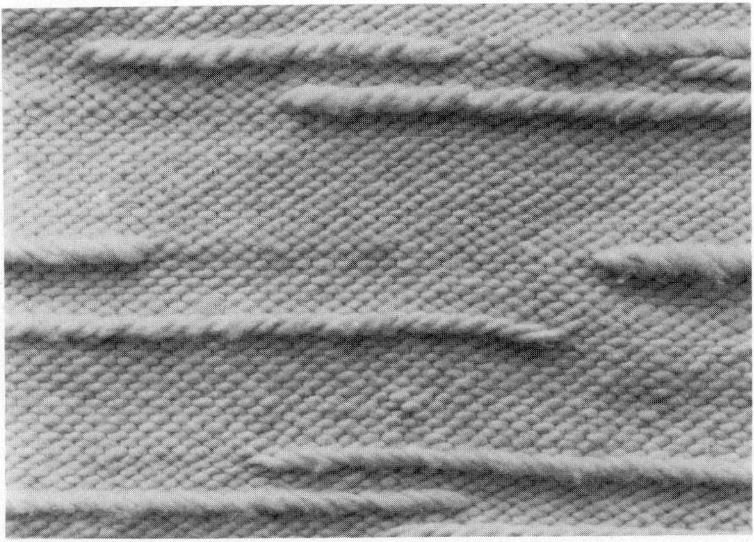

Bild 91: Teppich mit Sumaklinien (Martina Reichert) – Ausschnitt

Kettlänge
2 m (bei 60 cm Trumm) für den Webstuhl

Einstellungsbreite
74 cm

Weben
Kopfstück: zwei Zwirnbindungen; 2 cm Scheinrips mit Ryawolle gewebt
Hauptgewebe: Den Teppich webt man in Scheinrips, die Linien mit überholendem Sumak (Bild 88 e) über sechs unter vier Fäden. Die Schußfadenführung kann man in der Skizze auf Seite 118 (c) ablesen. Das Garn wickelt man auf Puschel. Für größere Ripsflächen wickelt man es wieder auf eine Webnadel.

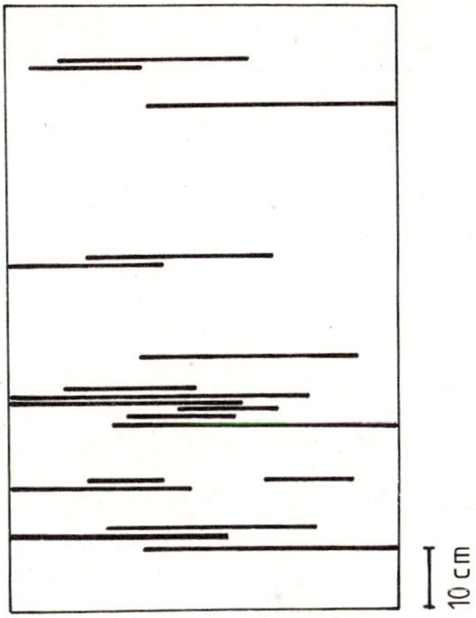

Bild 92: Flächenaufteilung des Teppichs mit Sumaklinien

Die Linienverteilung lebt von dem Gegensatz „dicht – weit". Sie wird an bestimmten Stellen konzentriert und nicht gleichmäßig über die Fläche gestreut. An den engsten Stellen webt man zwei bis drei Schuß Scheinrips zwischen die Sumaklinien.

Abschluß: Die Kettreste werden zu Fransen verarbeitet oder von der Mitte aus verwebt (siehe Seite 137 ff.).

Teppiche mit Flor

Wenn man von Bodenteppichen spricht, denkt man in der Regel an Teppiche mit Flor. Der geknüpfte Orientteppich ist zum Sinnbild des Teppichs schlechthin geworden.

Die Teppichknoten

Der Ghiordesknoten (Smyrnaknoten)

Am weitesten verbreitet und am meisten benutzt ist der Ghiordes- oder Smyrnaknoten. Die meisten Orientteppiche wie auch die Ryas sind mit ihm geknüpft. Da er jeweils zwei Kettfäden ganz umschlingt, ist er der haltbarste von allen Knoten.

Zum Knoten benötigt man kein Fach. Das Knüpfgarn wickelt man zu Puscheln. Die Kettdichte richtet sich nach der Dicke des Knüpfgarns und nach der Dichte des Teppichs, die man erzielen möchte. Ein brauchbares Mittelmaß ist eine Kettdichte von ca. drei Fäden pro cm, die mit sechs bis acht Fäden Webwolle Nm 7/2 oder zwei bis drei Fäden Ryawolle umknüpft wird. Als Kettgarn eignen sich Wollzwirne ebenso wie Baumwoll- und Hanfzwirne.

Der Ghiordesknoten arbeitet sich am leichtesten – für Rechtshänder – von links nach rechts. Mindestens drei Kettfäden bleiben an den Webkanten ohne Knoten.

Die Ausführung des Knotens:

- Zwei nebeneinanderliegende Kettfäden nimmt man auf Mittel- und Zeigefinger der linken Hand.

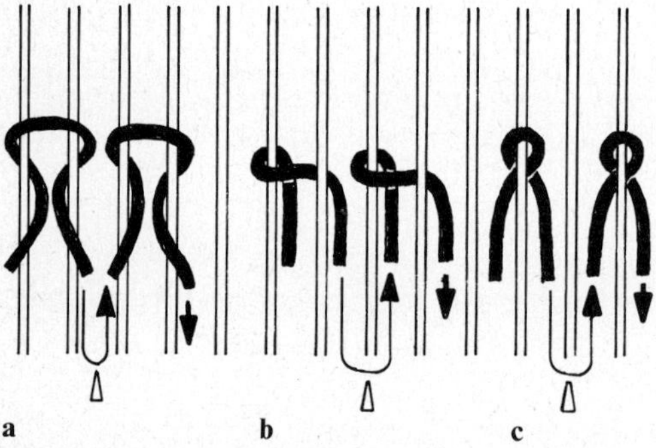

Bild 93: Knoten
a) Ghiordesknoten,
b) Perserknoten,
c) spanischer Knoten

Bild 94: Von Blau nach Rot
Florteppich mit Filzstreifen und Ryawolle (Double Corduroy, siehe Seite 132)

- Die Knüpffäden werden um den linken der beiden Kettfäden von innen nach außen geführt.
- Den Knüpffaden legt man über beide Kettfäden.
- Den rechten Kettfaden umschlingt man von außen nach innen. Festziehen!

Jede geknüpfte Reihe schlägt man mit dem Teppichklopfer an. Entweder schneidet man den Knüpffaden nach jedem Knoten ab, oder man läßt die Schlingen geschlossen und schneidet sie erst am Ende der Knüpfreihe oder gar am Ende der Arbeit auf. Für welche Möglichkeit man sich entscheidet, hängt davon ab, ob man mit vielen unterschiedlichen Fäden ein sehr differenziertes Muster umsetzt oder ob man mehr flächig arbeitet und geschlossene mit offenen Schlingen kombiniert. Bei Schlingen kommt die Fadenstruktur zur Geltung, sind die Fäden aufgeschnitten, ist der Fadenquerschnitt beherrschend. Das Aussehen der Oberfläche ändert sich dadurch entscheidend.

Die Länge des Flors und damit der Schlinge richtet sich nach den Gestaltungsabsichten. Exakte Formen verlangen einen kurzen, engen Flor. Je länger der Flor und je weiter die Knoten voneinander entfernt sind, um so mehr verschwimmen die Formen.

Wer auf einen gleichlangen Flor Wert legt, benutzt einen Knüpfstab als Maß. Unebenheiten lassen sich jedoch auch nach Beenden des Teppichs mit der Schere ausgleichen. Oft beleben sie jedoch die Oberfläche, während ein zu ebenmäßiger Flor leicht steril wirkt.

Um die Knotenreihen zu befestigen, webt man als Grundgewebe mehrere Schuß (wenigstens zwei) Leinwandbindung als Scheinrips zwischen die Knotenreihen. Dabei füllt man zuerst die nicht umknoteten Randkettfäden auf Knotenhöhe mit Gewebe auf. Eine gute Kantenbefestigung garantiert einen haltbaren Teppich.

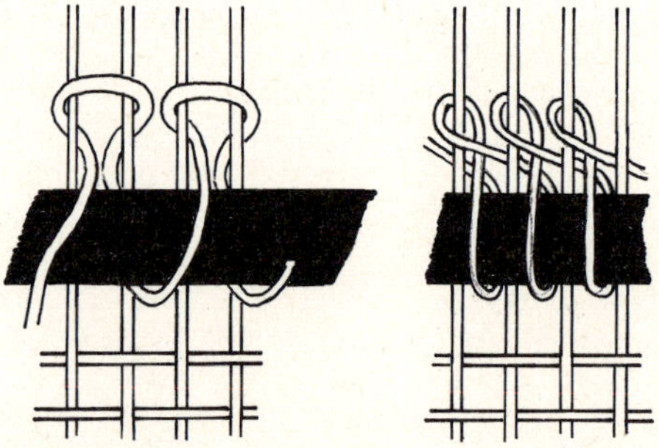

Bild 95: Knüpfen mit Maßstab
a) Ghiordesknoten, b) doppelter Perserknoten

Die Anzahl der Zwischenschüsse hängt davon ab, ob der Flor senkrecht stehen oder liegen soll. Für einen senkrecht stehenden Flor müssen die Knoten in den Ecken eines Quadrats sitzen. Je breiter der Zwischenschuß ist, um so flacher liegt der Flor.

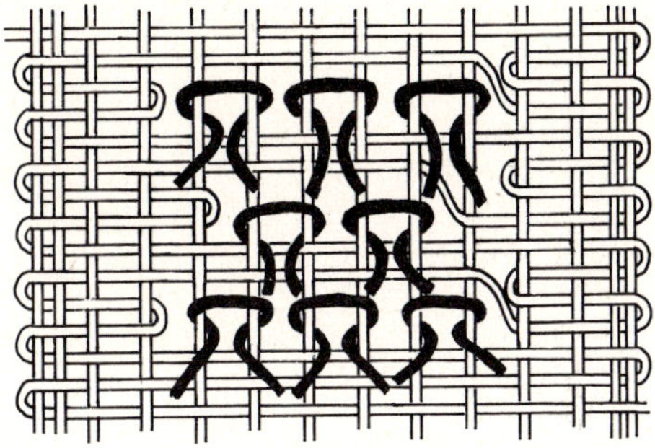

Bild 96: Ghiordesknoten mit Zwischenschuß und Randgewebe (versetzte Knotenanordnung)

Für den Zwischenschuß verwendet man das Kettgarn, eine Webwolle oder bei Ryas ein auf den Entwurf abgestimmtes Material.
Die meisten Knüpfer setzen die Knoten in den einzelnen Reihen genau übereinander. Versetzt man sie um einen Faden nach links und dann wieder nach rechts, ergibt sich eine geschlossenere Oberfläche.

Der Perserknoten (Sinähknoten)

Im Gegensatz zum Smyrnaknoten liegt der Perserknoten schräg im Gewebe (siehe Bild 93, Seite 122).

- Man nimmt zwei Kettfäden auf die linke Hand.
- Den Puschel führt man um den linken Kettfaden von innen nach außen.
- Der Kettfaden wird überquert und der rechte Kettfaden von innen nach außen umschlungen.

Die Enden der so geknüpften Knoten zeigen zur rechten Seite. Beginnt man das Umschlingen beim rechten Kettfaden, zeigen die Enden nach links. Ein Wechsel der Knüpfrichtung bewirkt durch eine unterschiedliche Lichtbrechung eine lebendige Floroberfläche.
Der Perserknoten läßt sich als „doppelter Perserknoten“ dichter um nur einen Kettfaden arbeiten (siehe Bild 95, Seite 124).
Da beim Perserknoten zwischen jedem Kettfaden die gleiche Anzahl

Florfäden liegt, kommt eine sehr gleichmäßige Verteilung zustande. Da dieser Knoten wenig aufträgt, eignet er sich besonders zum Einknüpfen in Wirkereien.

Der spanische Knoten

Möchte man ganz kleine Farbtupfer setzen oder einen einzelnen Kettfaden umknüpfen, nimmt man den spanischen Knoten.

- Der Knüpffaden wird unter einen Kettfaden von links unten nach rechts oben geführt.
- Den Kettfaden überquert man dann nach links.
- Nun schlingt man ihn von links oben nach rechts unten.

Der spanische Knoten ist nicht besonders sicher und muß daher sehr sorgfältig mit den Zwischenschüssen befestigt werden.

Exakte Grafik – fließende Formen

Beim geknüpften Florteppich entsteht das Flächenbild durch eine Vielzahl nebeneinanderstehender Punkte. Die Knüpftechnik ist deshalb die freieste aller Teppichtechniken und ermöglicht die Umsetzung anspruchsvoller und differenzierter Entwürfe.
Der klassische Knüpfteppich aus dem Orient und aus Nordafrika ist durch geometrische oder ornamentartige Formen gekennzeichnet. Um sie gut herausarbeiten zu können, muß der Flor sehr eng geknüpft und kurz geschoren sein, damit die einzelnen Florfäden nicht umfallen, und die Konturen nicht verschwimmen. Je feiner der Knüpffaden ist, um so mehr Punkte füllen eine Fläche, um so geschlossener ist die Wirkung, um so genauer lassen sich Linien und Flächen darstellen.
Das folgende Muster, das in dieser Form nicht mehr geknüpft wird, entdeckte ich im Hohen Atlas bei den Berbern. Die von der Raute ausgehende Flächenaufteilung besticht durch ihre Einfachheit. Hinzu kommt eine Beschränkung in der Farbwahl. Man verwendet die Naturfarben der Schafwolle, Weiß und ein tiefes Dunkelbraun, dazu ein Orangerot, das man mit Krapp färben kann. So wurden Nuancierungen durch die Verwendung verschiedener Naturtöne erzielt, zudem fielen die Färbungen je nach Ort und Jahreszeit verschieden aus.
Daraus lassen sich auch für uns viele Gestaltungsmöglichkeiten bei diesen relativ strengen Mustern ableiten. Die „schwarzen" Bereiche kann man durch verschiedene dunkle Töne beleben, für die roten Vierecke verschiedene Rotabstufungen verwenden. Man kann z. B. Schwarz auch durch ein Ockergelb ersetzen, Weiß durch ein warmes Braun und für die kleinen Vierecke verschiedene Blautöne einsetzen.

Bild 97: Knüpfteppich der Glaoua (Berberstamm des Hohen Atlas)

Marokkanischer Knüpfteppich

Größe des fertigen Teppichs: Das Muster ist in jeder Richtung beliebig fortsetzbar, für die gewünschte Größe setzt man eine entsprechende Anzahl von Rauten zusammen.

Kette
Norsk Kunstvevgarn (2100 m/kg) Farbnummer 344 oder
Åklegarn, schwarz (880 m/kg)

Schuß
Kunstvevgarn, schwarz, doppelter Faden oder
Åklegarn, schwarz, einfacher Faden

Flor
Ryawolle, z. B. Asbo-Rya (1150 m/kg);
Farbnummer:
Naturweiß 4000
Schwarz und 4067
Rot 4034 (eventuell dazu 4038, 4035, 4041)
Eine dichtere Oberfläche entsteht beim Knüpfen mit Webwolle Nm 7/2 oder Bragegarn

Kettdichte

Webstuhl:	Kunstvevgarn	vier Fäden pro cm
	Blatt: 40/10	
	Åklegarn	drei Fäden pro cm
	Blatt: 30/10	
	Randfaden doppelt	

Nagelrahmen: engste Kettspannung (2,6 Fäden pro cm) mit Åklegarn

Weben
Kopfstück: Zwei Zwirnbindungen; 2 cm Leinwandbindung als Scheinrips mit Åklegarn oder Ryagarn gewebt

Knüpfen
Ghiordesknoten nach dem Zählmuster; Florhöhe ca. 1,5 bis 2 cm.
Man knüpft mit doppeltem Faden beim Ryagarn, bei Webwolle mit fünf- bis sechsfachem Faden.
Zwischenschuß: Zwei Schuß mit doppeltem Kunstvevgarn oder einfachem Åklegarn.
Ein Rechteck mit einer Raute mißt ca. 24 cm in der Höhe und 18 cm in der Breite.
Man benötigt dafür je nach Florhöhe vom Ryagarn:

Schwarz	ca. 70 bis 80 g
Weiß	ca. 30 bis 40 g
Rot	ca. 15 bis 20 g

Für Kette und Zwischenschuß benötigt man für ein Rechteck ca. 40 g Kunstvevgarn. Beim Einkauf muß man Trumm dazurechnen!

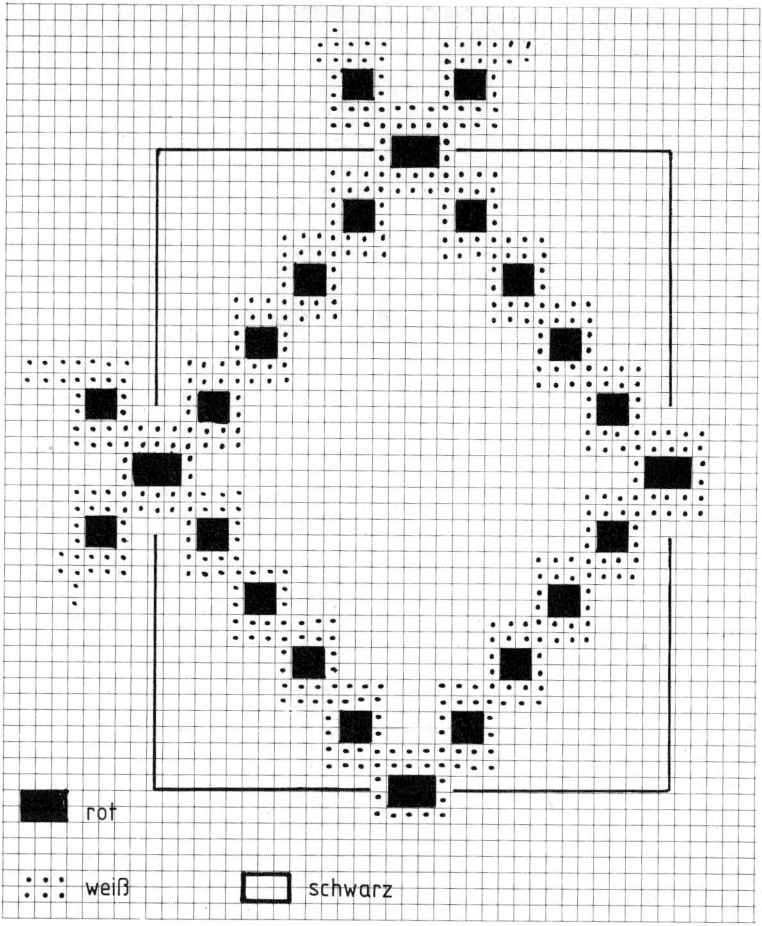

Bild 98: Zählmuster zum Rautenteppich

Abschluß: Die Kettfäden werden zu Fransen geknotet, zu Zöpfen geflochten oder von der Mitte aus nach zwei Seiten verwebt.

Alle bisher beschriebenen Gestaltungsmittel kann man auch auf das Knüpfen anwenden. Da die Florteppiche vom Handwebgerät jedoch relativ grob sind und die Flächenkonturen in der Regel verschwimmen, liegt es nahe, diesen Effekt auszunutzen.
Beim Knüpfen erscheint jeder andersfarbige Knoten als Punkt im Flor. Diese Punkte, eng zusammengesetzt, können als eine Fläche wahrgenommen werden oder vereinzelt auf einem einfarbigen Grund liegen. Eine gleichmäßige Verteilung der Punkte ist nur dann sinnvoll, wenn durch die Farbgebung Schwerpunkte gesetzt werden. Interessante Entwürfe entstehen durch enges und weites Verteilen, durch große und kleine Punkte, durch die Betonung bestimmter Flächenteile, der Waagrechten, der Senkrechten, der Diagonalen, durch Gruppierung und Einplanen einfarbiger Stellen (Bild 99 a bis e).

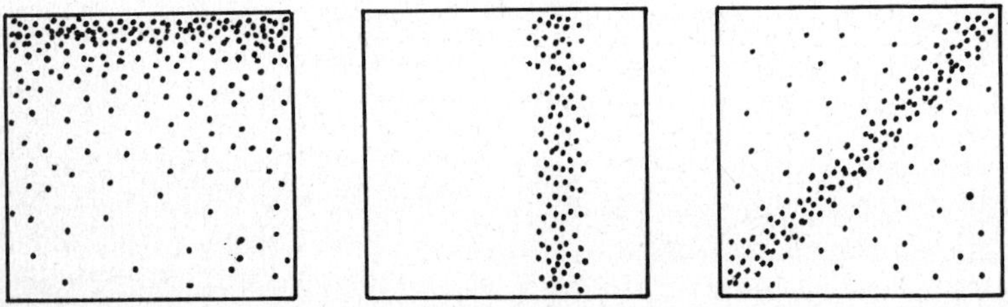

a b c

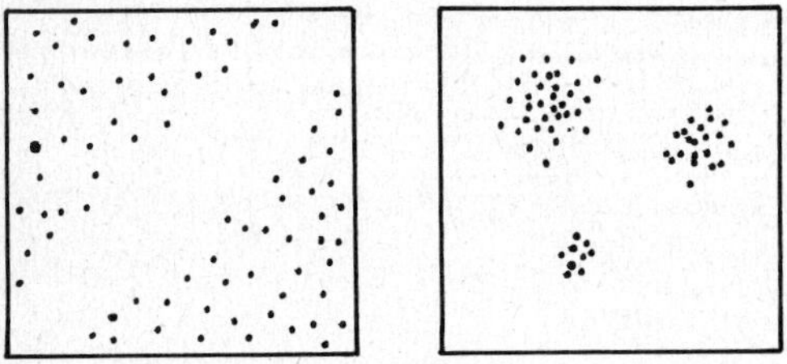

d e

Bild 99: Punkte auf einer Fläche
a) Waagrechte Anordnung – eng und weit
b) senkrechte Anordnung
c) diagonale Anordnung
d) Aussparen der Diagonalen
e) Anordnung der Punkte in Gruppen

Bild 100: Farbmischung in einem Knoten – die Wirkung aufgeschnittener und geschlossener Florschlingen

Weitere Anregungen bieten Fotografien mit Nahaufnahmen aus der Natur, Aquarelle mit ineinanderfließenden Farben.
Sich vermischende Farben setzt man durch die Kombination verschiedenfarbiger Fäden in einem Knoten um. Auch Farbübergänge (Schattierungen) lassen sich so ausführen. Benutzt man z. B. sechs Fäden einer Webwolle Nm 7/2 für einen Knoten, so erreicht man in folgenden Schritten die andere Farbe:

Fadenzahl	*Farbe 1*	*Farbe 2*
	6	–
	5	1
	4	2
	3	3
	2	4
	1	5
	–	6

Die skandinavischen Ryas sind in dieser Technik geknüpft. Das Eindringen einer Farbe in die andere kann man auch erreichen, wenn die Knoten einer Farbe zunehmen, die der anderen dagegen abnehmen. Dabei sollte man ziemlich frei und nicht zu schematisch vorgehen.
Da sich Bahnen mit Florgeweben fast unsichtbar zusammennähen lassen, kann man auch auf kleinen Webgeräten größere Teppiche verwirklichen.

Double Corduroy – eine Flortechnik für den Webstuhl

Mit dem Double Corduroy kann man Florteppiche „weben“. Diese Technik geht nicht nur schneller als das Knüpfen, sondern sie eröffnet auch ganz eigene Mustermöglichkeiten.

Die Technik

Bei der Double Corduroy-Technik webt man mit zwei verschiedenen Schüssen, einem Musterschuß für den Flor und einem Schuß für das Grundgewebe in Leinwandbindung (nach Möglichkeit als Scheinrips). Die Flottungen des Musterschusses ergeben aufgeschnitten den Flor.

Um Schwierigkeiten mit der Webkante zu vermeiden, muß man Double Corduroy in einer bestimmten Folge weben:

- Die Schäfte 1/3 werden gehoben: Grundgewebe von links nach rechts. Nicht abschneiden!
- Schaft 1 wird gehoben: Flor von links nach rechts. Den Florfaden ca. 10 cm rechts neben der Webkante abschneiden und hängenlassen.

Fadenversorgen am Anfang: Um die linken Randkettfäden schlingt man ein Schußfadenstück so, daß beide Enden in den ersten Zwischenraum reichen (Bild 102). Man benutzt die halbe Fadendicke. Den Schuß läßt man im ersten Zwischenraum beginnen.

- Schaft 3 wird gehoben: Florschuß von rechts nach links. Das Ende des Schußfadens reicht rechts bis zur Webkante, links schneidet man an der Webkante ab.
- Schäfte 2/4 werden gehoben: Grundschuß von rechts nach links. **Nicht** abschneiden!
- Schaft 2 wird gehoben: Das rechts heraushängende Schußende wird bis zum ersten Zwischenraum ins Fach gelegt. Den Florschuß führt man von links nach rechts bis zu diesem Zwischenraum. Abschneiden!
- Schaft 4 wird gehoben: Florschuß von rechts nach links, das Ende läßt man rechts in Florhöhe heraushängen. **Nicht** abschneiden!

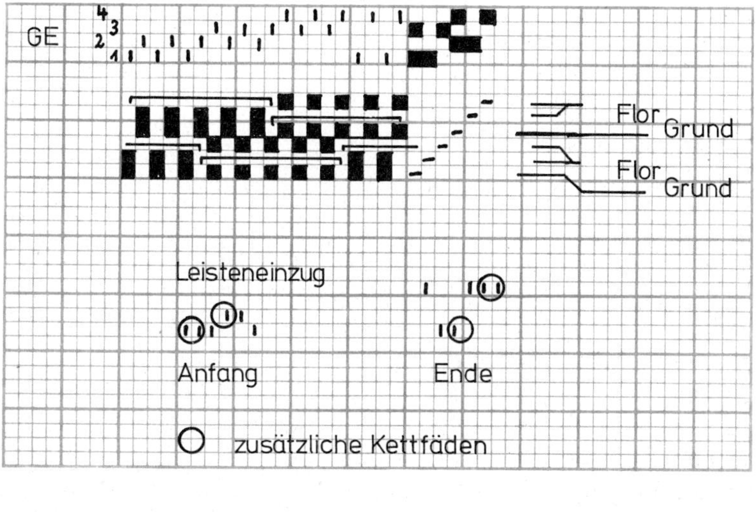

Bild 101: Patrone für Double Corduroy

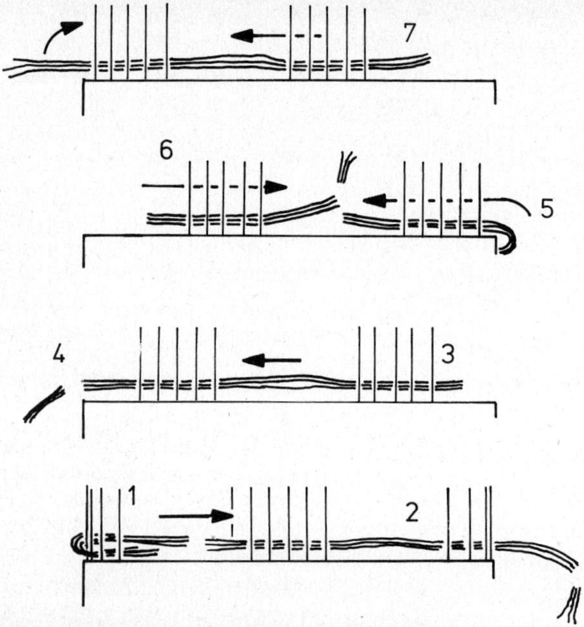

Bild 102: Double Corduroy: Webfolge der Florschüsse

Diese Folge wiederholt man fortlaufend. Beim Probieren am Webstuhl wird man schnell die Notwendigkeit dieser Folge einsehen.
Die entstehenden Flottierungen können nach jedem Schuß direkt am Webstuhl oder nach Fertigstellung der Arbeit aufgeschnitten werden.
Als Kettmaterial nimmt man Baumwolle Ne 5/4 oder Hanf Nm 5/2, auch ein Wollkammgarn ca. Nm 4/2 eignet sich. Eine Kettdichte von 1,5 Fäden pro cm ist mit diesen Garnen üblich. Die äußersten Randkettfäden wählt man dreifach, die jeweils daneben liegenden doppelt.
Als Material für den Grundschuß eignet sich je nach Flormaterial Haargarn (700 m/kg) oder Riesenbaumwolle (800 m/kg). Der Grundschuß wird nie abgeschnitten.
Bei Stoffstreifen für den Flor hat sich eine Streifenbreite von 2 bis 2,5 cm bewährt. Gut geeignet sind angefilzte Wollstoffe oder Filze. Ausfransende Stoffe werden schräg zum Fadenlauf zugeschnitten. Für den Flor eignen sich auch die verschiedenen Ryagarne. Man nimmt sie sechsfach. Der Materialverbrauch liegt bei 4 kg/m^2.

Die Kombination von Wirkerei, Sumak und Knüpfen

Alle Wirktechniken, Sumakschlinge und die verschiedenen Knoten, lassen sich zur Gestaltung unterschiedlicher Oberflächenstrukturen in einem Werkstück vereinen. Kommt in den Wirkteilen vor allem die Struktur der Fäden zur Geltung, bringen Knüpfteile Höhe und Plastizität, unterschiedliche Lichtwirkungen durch aufgeschnittene und geschlossene Schlingen. Die Sumakschlinge erweitert diese Gestaltungsmöglichkeiten durch eine Reihe zusätzlicher Strukturen, die durch die Schlingtechnik bedingt sind. Sie ermöglicht fließendere Übergänge vom flachen Gewebe zum Flor.

Was zu beachten ist:

- Die Verbindung der einzelnen Flächen erfolgt je nach ihrer Form in Schlitz- oder verhängter Wirkerei.
- Die Zwischenschüsse von Sumak und Knüpfteilen können ebenfalls die Verbindung zu Wirkteilen herstellen, wenn man beide mit dem gleichen Material arbeitet (siehe auch Seite 118).
- Die Reihenfolge, in der einzelne Teile des Entwurfs gearbeitet werden, richtet sich nach den auf Seite 99 dargestellten Möglichkeiten.
- Zum Füllen von Wirkteilen benötigt man mehr Schüsse als für eine gleich große Fläche in Sumak- oder Knüpftechnik.
- Webt man mit unterschiedlich dicken Materialien nebeneinander, muß man mit dem dünneren mehr Schüsse weben als mit dem dickeren.
- Je nach Kettdichte führt man dicke Schußmaterialien in Ripsbindung (zwei Fäden gehoben, zwei Fäden gesenkt), dünne in Leinwandbindung durch die Kette.
- Man achtet auch hier auf gutes Abdecken der Kette.

Seite 135
Bild 103: Studie in Wirkerei, Sumak und Knüpftechnik